AF391405

COLLECTION WHITE KING.

TROISIÈME PARTIE.

MONNAIES

DES

Khalifes Arabes, d'Espagne, de Maroc et d'Egypte, des Mame-
louks, des Turcs Ottomans, des Khans de la Crimée
et de Turkestan, des Ghasnévides,
des Seldjoucides, des Ortocides, des Khans de la Horde d'Or,
des Mongoles, des Mozzhafféris, des Timourides,
des Schahs de la Perse. des Dynasties Afghanes,
des Patans Sultans de Delhi, des Grands Mogols de
Hindoustan, des Emirs de Sindhy,
des Schahs de Malabar, des Sultans de Jaunpour,
de Malwa et de Gujérat, etc. etc..

COLLECTION
du Dr. L. WHITE KING, Esq.
C. S. I. — L. R. D. — F. S. A. — Indian Civil Service..

Vente à Amsterdam le 26 Juin 1905 et jours suivants
sous la Direction et aux Bureaux de l'Expert
J. SCHULMAN, Keizersgracht 448.

Ordre et Conditions de la Vente.

Les vacations commenceront le **Lundi 26 Juin**, l'après midi à **2** heures précises, et les jours suivants à **10** heures du matin jusqu'à midi, et l'après midi à **2** heures précises jusqu'à cinq heures.

EXPOSITION:

Samedi le **24 Juin** de **10** heures du matin à **4** heures de l'après midi et **Lundi** le **26 Juin** de **9** heures du matin jusqu'à midi.

La liste imprimée authentique des prix, paraitra après la vente, et sera envoyé sur demande, au prix d'un Florin.

La vente se fera au comptant en Florins et Cents des Pays-Bas.

Les acquéreurs payeront $10^0/_0$ ensus des enchères, comme cela est de coutume en Hollande.

L'Expert se charge gratuitement des ordres qu'on voudra bien lui confier.

La conservation des pièces est rigoureusement indiquée par **F.d.e.** fleur de coin, **t.b.c.** très bien conservé, **b.c.** bien conservé, **a.b.c.** assez bien conservé.

Dans le cas ou une contestation s'élève sur deux enchères, l'objet sera remis immédiatement en vente.

L'Expert se réserve le droit de réunir ou de diviser les lots.

L'Expert garantit l'authenticité des Monnaies sauf indication contraire.

AVANT PROPOS.

La collection de Monnaies des Dynasties Mahométanes qui sera vendue le **26 Juin 1905** et jours suivants, est sans contredit la plus remarquable qui jamais est mise en vente.

Pour quelques Dynasties, les Séries White King sont plus riches que celles des Collections si renommées du British Museum.

Dans quelques mois paraitra la quatrième partie, contenant la suite des Dynasties Mahométanes de l'Inde, les Dynasties Hindoes et Bouddhistes des Indes, des Guptas et des princes de l'extrême Orient.

J. SCHULMAN.

AMSTERDAM, Mai 1905.

TROISIÈME PARTIE.
LES DYNASTIES MAHOMÉTANES.

I. Les Khalifes Arabes.

Ia. Monnaies Arabo-Sassanides.

Les Monnaies sans indication du métal sont en argent.

2050 *Dirhem* d'un Khalife incertain, type des Dirhems de **Chosroes II**
fr. à *Baiza*, légende partiellement arabe. Diam. 34 m.m. Beau.

2051 *Dirhem* pareil. D. 32 m.m. Beau.
Voir la reproduction du droit.

2052 *Dirhem* pareil, fr. à **Tabaristan** (anc. prov. de la Perse) 34
m.m., t.b.c. mais ébréché.

2053 *Demi Dirhem* pareil, fr. à **Istakhar** (anc. Persepolis dans le)
Farsistan D. 29. Beau et rare.
Voir la reproduction du droit.

2054 **Moawiah I,** (le fondateur de la dynastie des Ommiades)
Dirhem fr. à **Darabjerd** (Farsistan) an de l'Hégire 43 = a.d.
665 D. 32. Beau et fort rare.
Wiener Numismatische Monatshefte 1865 *pl.* 2. *n.* 4.
Voir la reproduction.

2055 **Abdullah ben Hazim.** *Dirhem* pareil a. H. 41 fr. à Da (Darabjerd)
D. 29 t.b.c. Rare.
> C'est peut-être Abdallah ben Hassan, fils d'Ali, fils d'Abou Talib un des com-
> pétiteurs de Mançour.

2056 **Selim ben Ziad.** *Dirhem* pareil a. H. 64 fr. à **Merw** (Antiochia
Margiana) t.b.c. Rare.
Voir la reproduction du droit.

2057 **Kurshed.** (Churschid) Tabaristan *Demi Dirhem* pareil an 97
Beau et rare.
Voir la reproduction.

2058 — *Demi Dirhem* pareil, variété de gravure. Beau et rare.

2059 **Omar ibn 'Alâ,** *Demi Dirhem* pareil, fr. à **Tabaristan** a. H.
120. Beau et rare.
Voir Wiener Numismatische Monatshefte 1865 n. 125.
Voir la reproduction.
Omar ben el Ala était un Gouverneur der Khalifes Abassides.

2060 **Al Mahdi** *Dirhem* de **Bokhara.** Buste à dr. et Pyrée ; comparez
Num.Chronicle 1881 pl. VI n. 5 — D. 25 t.b.c.

2061 — Deux Monnaies pareilles en billon. D. 25 et 26. Belles.

2062 — **Ali Sulaiman.** Monnaie pareille de **Tabaristan.** Buste à dr.
entouré d'une légende arabe, Rev. Pyrée ; comparez Num. Chron,
1881 pl. VI 7 D. 24 t.b.c. Rare.

Iᵇ Gouverneurs arabes.

2063 **Abdul Hamid.** Gouverneur de **Kufa** sous l'Ommiade **Yazid II**
Fels de **Jayy** Br. Museum 162e Ae. t.b.c.

2064 **Abbas ibn Mohammed.** *Fels* de **Jesireh,** Br. Mus. n. 162 Ae.
Beau, rare, troué.

2065 **Hussein?** *Fels* D. 11 Ae. b. c.

II. Les Khalifes Ommiades.

2066 **Abd-el-Melik,** 65-86 = a. d. 685-705 *Dirhem* fr. à **Basrah,**
an H. 80 (date des plus anciennes). Beau et rare.

2067 — *Dirhem* fr. à **Waset** an 85, Diam. 22 t.b.c. rare.

2068 **Walid I,** 86-96 = a.d. 705-715 *Dinar* an 94 D. 20 Br. Mus.
nᵒ. 16 Or. Beau et rare.
Voir la reproduction.

2069 — *Dirhem* fr. à **Destua,** contremarqué. D. 26 t.b.c. mais troué
Rare.

2070 — *Dirhem* fr. à **Er Rai** an 94 D. 27. t.b.c.

2071 — *Dirhem* fr. à **Teymerah** an 96, D. 27 t.b.c. et fort rare.

2072 **Suleiman,** 96-99 = a.d. 715-717 *Dinar* an 97. Or Beau.

2073 — *Dirhem* fr. à **Waset,** an 97, D. 27 Beau et rare.

2074 **Omar** 99-101 a.d. 717-720 *Dinar* an 99,' Br. Mus., pag. 4
n. 23. Or Beau.

2075 — *Dirhem* fr. à **Basrah** an 100, Br. Mus. no. 66 t.b.c.

2076 **Yezid II** 101-105 = a.d. 720-724 *Dinar* an 103. Or t.b.c. Rare.

2077 — *Dirhem* de l'an 104 fr. à **Afriquia** manque au Br. Mus. t.b.c. Rare.

2078 **Hischam** 105-125 = a.d. 724-743 *Dinar* an 112, Br. Mus. 32 c. Or Beau et rare.

2079 — *Dirhem* fr. à **Waset** an 113, Br. Mus. 195*a* t.b.c.

2080 — *Fels* fr. à **El Mazhar,** an 119? Br. Mus. n. 75 suppl. D. vol. I, t.b.c. Rare.

2081 **Walid II** 125 = a.d. 743 *Dirhem* fr. à **Waset** an 125, b.c.

2082 **Yezid III** 126 = a.d. 744 *Dirhem* fr. à **Waset** an 126 avec 7 annelets au droit et 5 au revers. t.b.c.

2083 **Ibrahim** 126 = a.d. 744 *Dirhem* fr. à **Waset** an 127 avec 7 et 5 annelets. t.b.c.

2084 **Merwan II** 127-132 = a.d. 744-750 *Dinar* an 128, comp. Br. Mus. vol. I pl. I n. 41. Or t.b.c. mais troué.

2085 — *Dirhem* fr. à **Waset** an 130, au droit cinq fois deux annelets oo, rev. 5 annelets t.b.c.

2086 — *Dirhem* pareil fr. à **Shamiyeh** an 131 b.c. très rare.

III. Les Khalifes Abbassides.

2087 **Aboul-Abbas,** Es Saffah (le bourreau) 132-136 = a.d. 749-754 *Dinar* de 136 comp. Br. Mus pl. III. 2. Beau.

2088 — *Demi Dirhem* fr. à **Basrah** an 134, au droit ooo - o - ooo - o - ooo - o au rev. 5 annelets gr. 2.65 t.b.c.

2089 **El Mansour** 136-158 a.d. 754 = 775 *Dinar* an 145 Br. Mus I pag. 38. n. 14. Or. t.b.c.

2090 — *Dirhem* fr. à **Kufa** an 142 au Or. ☉ - oo - ☉ - oo - ☉ - oo rev. 5 annelets t.b.c.

2091 *Dirhem* fr. à **Bagdad** an 154 t.b.c. et monnaie en nickel même type an 156 b.c. (deux pièces).

2092 — *Dirhem* fr. à **Balkh** an 156. *Dirhem* fr. à **Mahommediya** an 157 et *Dirhem* fr. à **Bagdhad** même année 3 ps. b.c.

2093 — *Fels* frappé à **Er Rai** an 144, manque au Br. Mus. a.b.c. et fr. à **Ispahan** an 155? Ae. b.c, 2 ps.

2094 — *Fels* fr. à **Hamadan** an 154, manque au Br. Mus. Rare. Ae. t.b.c.

2095 **Al Mahdi,** 158-169 a.d. 775-785 *Dinar*, an 159 var. de **Br.**
Mus. I pag. 50 n. 82. N. t.b.c.

2096 — *Demi Dirhem* fr. à **Bagdad** 161 t.b.c. et an 164 b.c.
2 ps.

2097 — *Fels* fr. à **Hamadan** an 160 Ae. t.b.c.

2098 — *Fels* fr. à **Istakhar,** Br. Mus. I pag. 55 n. 105 Ae, b.c.

2099 **Hadi** 169-170 = a.d. 785-786 *Dinar* an 170 Br. Mus. I pl.
IV n. 135 Or t.b.c.

2100 — $^{1}/_{2}$ *Dirhem* fr. à **Bagdad** an 169, Rare t.b.c.

2101 **Haroun al Raschid** 170-193 = a.d. 786-809 *Dinar* an 114
au nom de JAFAR au revers. Or b c.

2102 — $^{1}/_{2}$ *Dirhem* fr. à **Mahommediya** an 178 et an 190 2 ps.
rares t.b.c.

2103 — *Dirhem* fr. à **Medinet Serenj** an 180 ébréché mais t.b.c. Rare.

2104 — *Dirhem* fr. à **Balkh** an 190. t.b.c.

2105 — *Dirhem* fr. à **Es Shash** an 190 Br. Mus. I pl. V n. 228 t.b.c.

2106 — $^{1}/_{2}$ *Dirhem* fr. à **Bagdad** an 190 et **Mahommediya** an 192,
t.b.c. 2 ps.

2107 — $^{1}/_{2}$ *Dirhem* fr. à **Bokhara** an 193 t.b.c.

2108 **El Amin** 193-199, a.d. 809-813 *Dinar* an 194 Br. Mus.
n. 194 Or. b.c.

2109 — $^{1}/_{2}$ *Dirhem* fr. à **Bagdad** an 194 t.b.c.

2110 **Mamoun** 198-218 a.d. 813-833 *Dinar* an 198 Or b.c.

2111 — *Dirhem* fr. à **Bagdad** an 200 et $^{1}/_{2}$ *Dirhem* fr. à **Samarkand**
an 204 2 ps. t.b.c.

2112 — *Dirhem* fr. à **Merw** an 213. Beau.

2113 — *Fels* fr. à **Ispahan** an 203, Manque au Br. Mus. Ae. b.c.

2114 **Motassem-Billah** 218-227 = a.d. 833-842 *Dinar* [fr. à
Medinet-es-Salam (Bagdad) an 219 Br. Mus I pl. VI n. 302
Or Beau et rare.

2115 — *Dirhem* fr. à **Bagdad** an 223 t.b.c. Rare.

2116 **Wathek-Billah** 227-232 = a.d. 842-847 *Dinar* fr. à **Misr** an
229, Br. Mus. I n. 314 Or. t.b.c.

2117 — *Dirhem* fr. à **Bagdad** an 230 manque au Br. Mus. t.b.c. Rare.

2118 **Motawakkel-al-Allah** 232-247 = a.d. 847-861 *Dinar* Comp.
Br. Mus. pag. 112 n. 240 Or t.b.c. Rare.
Voir la reproduction.

2119 — *Demi Dirhem* fr. à **Bagdad** an 233, *Dirhem* fr. à **Sermen Rai** an 233 2 ps. t.b.c. et *Fels* fr. à **Balkh** an 244 Ae. Rare t.b.c.

2120 **Motaz-Billah** 251-255 = a.d. 866—869 *Demi Dirhem* fr. à **Sermen rai** an 251, Br. Mus., n. 347 troué b.c. rare *Dirhem* fr. à Bagdad an 253 t.b.c. rare. 2 ps.

2121 **Motadi-Billah**, 255-256 = a.d. 869-870 *Dinar* de 255, Manque au Br. Mus, Extr. rare Or. b.c. avec trace d' oeuillet.

2122 **Motamed-Billah**, 256-279 = a d. 870-892 *Dinar* fr. à **Bagdad** an 260, comp. Br. Mus. I n. 358, Or. Beau et rare.

2123 — *Dirhem* fr. à **Bagdad** an 262, b.c. Rare.

2124 **Motadhed-Billah**, 279-289 = a.d. 892 = 902 *Dirhem* fr. à **Bagdad** an 288, 2 var: t.b.c., et b.c.

2125 — *Dirhem* fr. à **Shiraz** an 288 Beau.

2126 — *Demi Dirhem* fr. à **Sermen rai** an 281 t.b.c.

2127 **Moktafi-Billah I**, 289-295 = a. d. 902-904, *Dinar* Or. superbe, rare.
Voir la reproduction.

2128 — *Dirhem* fr. à **Bagdad** an 290 et, 292 et 295 3 ps. t.b.c.

2129 **Moqtader Billah**, 295-320 a.d. 903-932 *Dinar* fr. à *Souk-el-Ahwaz* à 320 avec le titre: (amid ud daulah) Inédit. Beau extr. rare.
Voir la réproduction.

2130 — *Dirhem* fr. à **Bagdad** an 295 et 301 et *Demi Dirhem* an 298 3 ps. t.b.c.

2131 *Dirhem* fr. à **Nicibin** an 301 comp. Br. Mus. I n. 450 rare t.b.c.

2132 — *Dirhem* fr. à **Bagdad** an 319, Br. Mus I. 447 Beau.

2133 — *Dirhem* fr. à **Antakieh** (Antioche) Rare a.b.c.

2134 **Kaher-Billah** 320-322 a.d. 932-934 *Dinar* fr. à **Touster** min el **Ahwaz** an 321. Beau et rare.
Voir la reproduction.

2135 — *Fels* fr. à **Badakshan** manque au Br. Mus. Ae. t.b.c. rare.

2136 — **Radhi Billah** 322—329 = a.d. 934—940. *Dinar* fr. à **Ahwaz** an 322. Or beau et fort rare.

2137 — *Dirhem* fr. à **Bagdad** an 324 et 328, 2 ps. t.b.c.

2138 — *Dirhem* fr. à **Waset** an 326, b.c.

2139 **Mottaki—Billah** 319-333 = a.d. 940, *Dinar* fr. à **Tiflis.** Comp. Br. Mus. I n. 475. Or t.b.c. petit trou. Rare.

2140 — *Dirhem* fr. a **Bagdad** an 329. Beau et rare.

2141 **Mouti** 324-363 = a.d. 946-974. *Dinar* an 355. Comp. Br. Mus. I n. 478 Or. t.b.c. mais troué. Rare.

2142 *Fels* fr. à **Wawalin** an 348? b. c. Fels frappé à **Bagdad** an 350 a.b.c. Ae. 2 ps. rares.

2143 — Khalife incertain *Dinar* d'un gouverneur de **Yemen** fr. à **Souda** an 360 Or t.b.c. Rare avec trace d'oeuillet.
Voir la reproduction.

2144 **Kader-Billah** 381-422 = a.d. 991-1031 *Dirhem* fr. á **Ambar** sur l'Euphrate près de Bagdad an 400, Manque au Br. Mus. Unique. Beau.
Voir la reproduction.

2145 *Fels* m.m. 27 Ae b.c. rare.

2146 **Moktafi II** 530-555 a.d. 1136-1160 *Dirhem* an? fruste.

2147 **Naser Leddin Illah** 575-662, a.d. 1180-1225 *Dinar* fr. à **Bagdad** an 607, Br. Mus. I pl. VII n. 485 m.m. 32, Or gr. 5.7. Rare t.b.c. troué.

2148 **Moustanser Billah,** 623-640 = a.d. 1226-1242 *Dinar* fr. a **Bagdad** an 624 Comp. Br. Mus. I n. 497 m.m. 23 Or gr. 3.05 Beau et rare.

2149 — *Demi Dirhem* fr. à **Bagdad** an 639 légende dans un cartouche quatrilobé, comp. Br. Mus I pl. VII 50 t.b.c. petit trou. Rare.

2150 — *Fels* m.m. 25 Br. Mus. I pag. 217 n. 144 Ae. t.b.c.

2151 **Mostassem-Billah** 640-656 = a.d. 1242-1258 *Dinar* légende en cartouche à huit lobes, comp. Br. Mus I pl. VII n. 506 m.m. 26 gr. 5.3 t.b.c. Rare.

IV. Les Khalifes Ommiades d'Espagne.

2152 **Abdur Rahman I,** 138-172 = a. d. 756-788 *Dirhem* d'Andalousie an 154 comp. Br. Mus pl. I n. 1 b.c.

2153 **Hescham I,** 172-180 = a.d. 788-796 *Dirhem* fr. à **Cordoue** an 172. Beau et rare.

2154 **Al Hakim I,** 180-206 = a.d. 796-822 *Dirhem* fr. à **Anda-lousie** an 191 t.b.c.

2155 — *Dirhem* fr. à **Cordoue** an 198 t.b.c.

2156 **Abdur Rahman II,** 206-238 = 822-852 *Dirhem* fr. à **Cordoue** an 206 t.b.c.

2157 — *Dirhem* fr. à **Andalousie** an 231. Beau.

2158 **Mohammed I,** 238-273 = a.d. 852-886 *Dirhem* fr. à **Cordoue** an 241 t.b.c. et *Fels* fr, à **Andalousie** Ae. b.c. 2 pièces rares.

2159 **Abdur Rahman III** 300-350 = a. d. 912-961 *Dirhem* et $^1/_2$ *Dirhem* fr. à Andelousie an 331. Br. Mus. II n. 68 2 ps. t.b.c. et b c.

2160 — *Dirhem* fr. à **Cordoue** an 332 b.c.

2161 — *Dirhem* fr. à **Zahra** an 334, 340 et 346 et $^1/_2$ *Dirhem* an 343. 4 ps. t.b.c. dont une avec deux trous.

2162 **Al Hakim II,** 350-366 = a.d. 961-976 *Dirhem* fr. à **Zahra** an 350, et 351 Br. Mus. II n. 91 b.c. 2 ps.

2163 — *Dirhem* fr. à **Zahra** an 352 arg. et billon et an 353 Ar. beau Br. Mus. II n. 92 et à **Cordoue** an 359 Ar, b.c. 4 ps.

2164 **Hescham II,** 366-399 = a.d. 976-1009 *Dirhem* fr. à **Cordoue** an 388 b.c.

2165 — *Dirhem* fr. à **Andalousie** an 389 t.b.c. Rare.

2166 — *Dirhem* fr. à **Andalousie** an 392. Br. Mus. II pl. n. 109 Beau.

2167 — *Dirhem* pareil an 393 avec deux trous, var de Br. Mus II n. 119 et deux variétés Br. Mus II n. 106 3 ps.

2168 **Mohammed II,** 399-400 a.d. = 1009 *Dirhem* fr. à **Cordoue** an 399 t.b.c.

2169 — *Dirhem* fr. à **Andalousie** an 399 avec titre „*Waliahd i Juhūr*" t.b.c. rare.

2170 — *Dirhem* fr. à **Andalousie** an 400. Br. Mus. II n. 127 t.b.c. rare et *Fels* an 399 Ae. b.c. rare.

2171 **Soliman,** 400 = a.d. 1009 — *Dirhem* fr. à **Zahra** an 400 b.c. rare, avec titre „*Wali'ahd i Mohammed*".

V. Dynasties Arabo-Espagnoles diverses
Beni Hammoud de Cordoue.

2172 **Al Kasim el Mamoun** 407-417 = a.d. 1016-1027 *Dirhem* fr. à **El Andalous** an 410. Br. Mus II n. 136 t.b.c. mais avec deux trous. Rare.

2173 **Yayah El Moutaali** 407-417 *Demi Dirhem* fr. à **Sabta** avec
le titre *Wali-ahdi Kasim*, b.c. Rare.

Houdides de Saragossa.

2174 **Imad ud Daulat** 503-1109. *Billon* fr. à **Saragossa**, manque
au Br. Mus, t.b.c.

Nasrides de Grenade.

2175 **Jousouf I** 733-755 = a.d. 1333-1354. *Fels* fr. à **Grenade,**
manque au Br. Mus. Ae. b.c.

Idressides de Malaga.

2176 **Mohammed I** (Al Mahdi) 438-444 a.d. 1046-1052. *Fels*
fr. à **el Andalous,** an 440. Ae. 2 variétés. Belles.

VI. Almoravides.

2177 **Abou-Bekr** 448-480 = a. d. 1057-1087, *Dinar* fr. á **Sijil**
Massah an 471. Br. Mus. V. pl. I n. 1 (de 457). Beau et Rare.

2178 **Jousouf ibn Taschfyn** 480-500 = a. d. 1087-1106. *Dinar*
fr. à **Sijil Massah** an 485, type de Br. Mus. V pl. I n. 2.
Or. Beau avec petit trou. Rare.

2179 — *Dinar* fr. à **Aghmat** an 493 Or. Superbe, gravure soignée,
Rare.

2180 — 1/4 *Dinar* m.m. 18 gr. 1.2 Or a.b.c. fort rare.

2181 **Ali ben Jousouf,** 500-537 a. d. 1106-1143 *Dinar* fr. à
Almeria (Espagne) an 516 Or. Beau et rare.

2182 — *Dinar* fr. à **Sijil Massah** an 524 Or t.b.c. petit trou rare.

VII. Les Almohades.

2183 **Abd-el-Moumin** 524-558 = a.d. 1130-1163 *Demi Dinar* sans date Br. Mus V. pl. II n. 84 Or. t.b.c. Rare.

2184 **Abou-Yakoub-Jousouf,** 558-580 = a.d. 1163 = 1184 *Demi Dinar* fr. à **Ishbiliya** (Sevila) Br. Mus V. pl. II n. 92 Or. Superbe Rare.

2185 *Demi Dinar* fr. à Ceuta (Afrique espagnole) Br. Mus. V. n. 90 (pl. V. 89) t.b.c. Deux petits trous. Rare.

2186 **Abou-Jousouf-Yakoub El Mansour** 580-595 = a.d. 1184-1199 *Dinar* sans date; comp. Br. Mus. V. pl. II 102 Or. Beau et rare, le bord un peu ébréché.

2187 **Abou Mohammed Abdalleh,** 621-624 = a. d. 1224-1227 *Demi Dinar* fr. à **Marakush** (Maroc) Or. Beau et rare.

VIIª. Mowahides Incertains.

2188 *Dirhem* carré fr. à **Fez** Br. Mus. V n. 130, autres fr. à **Sabtah** Br. Mus V n. 129 et 141 3 ps. t.b.c.

VIII. Les Merenides.

2189 **Abou Sa'id Othman,** 710-731 = a.d. 1310-1331 *Dinar* fr. à **Sijil Massah,** comparez Br. Mus. additions 1890, pl. XXI, 165*g* Or. b.c. Rare.

2190 **Abd-el-Aziz** 768-774 = a.d. 1366-1372 *Dinar* fr. à **Fez.** Br. Mus. V. pl. IV. 167 Or. Beau et rare.

2191 **Ahmed-el-Mostansir** 776—? = a. d. 1374—? *Demi Dinar* fr. à **Azamor,** (port du Maroc) m.m. 24 gr. 2.2 Or. Inédit. Beau et extrêmement rare.
Voir la reproduction.

2192 **Faris-el-Motawakkil,** 796 = 1393 *Dinar* fr. à **Tilimsan** (Tlemcen, Algérie). Comp. Br. Mus. V pag. 66 n. 187 Or. t.b.c.

VIIIa. Benou Hafs.

2193 **Abou Zekerya Yahya I**, 615-647 = a d. 1228-1249, *Demi Dinar* sans date ni atelier. Br. Mus. V. pl. III 158 Or. b.c. deux trous. Rare.

IX. Sherifs du Maroc, Filelee.

2194 **Mohammed I**, 1171-1203 a. d. 1751-1789 *Uqyeh* fr. à al Araisha an 1180 t.b.c. Rare.

2195 **Hischam,** 1206-1209 = a. d. 1792-1795 *Uqyeh?* fr. à **Ribat el Feth**, an 1209 avec date fautive 1290. Manque au Br. Mus. t.b.c.

2196 **Soliman,** 1209-1238 = a. d. 1795-1822 *Uqyeh* fr. à **Fez** an 122? troué b c.

2197 **Abd-'ur-Rahman**, 1238-1276 = a. d. 1822-1859 $^1/_2$ *Uqyeh* fr. à **Fez** 126? b.c.

2198 **Mohammed II ibn Abd-ur Rahman,** 1276-1290 a.d. 1859-1873 $^1/_2$ *Uqyeh* 1277 et 1283 fr. à **Fez** t.b.c. 2 ps.

2199 **Hassan**, depuis 1290 = 1873 *Uqyeh* de 1299 et *Mequinez* de 1310 gr. 8.8 2 ps. nouveau type t.b.c.

X. Dynasties Egyptiennes, Les Aglabites.

2200 **Zyadat allah** 201-223 = a. d. 816-837 *Dinar* an 221 Br. Mus. II pl. III 195 Or. gr. 3.8 t.b.c. Rare.

2201 **Ahmed,** 247-249 = a.d. 856-863 *Dinar* an 244, comp. Br. Mus. II n. 198 Or. gr. 4.2 t.b.c. Rare.

2202 **Mohammed II,** 250-261 = a. d. 864-874 *Dinar* an 257 comp. Br. Mus II n. 199 Or. gr. 3.8 t.b.c. Rare.

2203 **Ibrahim II** 261-289 = a. d. 874-902. *Dinar* an 271 Or. gr. 4.2 Beau et rare.

XI. Les Khalifes Thoulonides.

2204 **Ahmed ibn Thoulon**, 254-270 = a.d. 868-883 *Dinar* fr. à **Misr** an 269, Br. Mus II, n. 220 pl. III n. 219. Or. gr. 4. Beau et rare.

2205 **Khumaraweyh**, 270-282 = a. d. 883-895 *Dinar* fr. à **Misr** an 271 Or. gr. 4 Beau et rare.

2206 **Haroun** 283-292 = a.d. 896-904 *Dinar* fr. à **Misr** an 289 Comp. Br. Mus. II n. 229 Or. gr. 4.— Beau et rare.
Voir la reproduction

2207 — *Mohur* fr. à **Misr** an 291 de tout autre type. Beau et fort rare gr. 5.3.
Voir la reproduction.

XII. Les Khalifes Fatimides.

2208 **El Mahädi** 297-322 = a.d. 909-934 *Dinar* an 318 Comp. Br. Mus. IV pl. I n. 1 gravure plus soignée Or. gr. 4.1 t.b.c. Rare.

2209 **Mansour** 334-341 = a.d. 945-952 Petite monnaie irrégulière en cuivre, Manque au Br. Mus.
Voir la reproduction du droit.

2210 **Moizz** 341-365 = a.d. 952-975 *Dinar* fr. à **Mansourah** an 347 avec légende circulaire. Br. Mus. n. 26. Or. gr. 4 t.b.c.

2211 — *Dinar* fr. à **Misr** an 358. Br. Mus. IV pl. I n. 29. Or gr. 4 t.b.c.

2212 — 1/4 *Dinar* avec légende circulaire. Br. Mus. IV pl. I n. 46. Or gr. 1, t.b.c. Rare.

2213 **Aziz** 365-386 = a.d. 975-996. *Dinar* fr. à **Misr** an 366. Br. Mus. IV pl. I 50. Or. gr. 3.75 b.c. troué.

2214 — *Dinar* pareil fr. à Mahdiya an 368 comp. Br. Mus. IV n. 55. Or gr. 4 t.b.c.

2115 **Hakim** 386-411 = a.d. 996-1020 *Dinar* fr. à Misr. an 398 comp. Br. Mus. IV n. 79, avec légère fèlure, conservation parfaite.

2216 1/4 *Dinar* sans date ni atelier, manque au Br. Mus. Or gr. 1 b.c. rare.
Voir la reproduction.

2217 **Dhaher** 411-427 = a.d. 1020-1035. *Dinar* fr. à **Misr** an 413. Br. Mus. IV n. 108 (pl. II n. 107). Or gr. 4.2 t.b.c. avec petit trou. Rare.

2218 **Mostansir** 427-487 = a.d. 1035-1094. *Dinar* fr. à **Misr** an 444 Comp. Br. Mus. IV n. 149 et pl. II n. 143. Or gr. 4.1 Superbe.

2219 — Monnaie de cuivre, m.m. 14.5. Manque au Br. Mus. Ae. t.b.c. *Voir la reproduction.*

2220 **Mostali** 487-495 = a.d. 1094-1101 *Dinar* fr. à **Misr** an 495. Or gr. 4.1 Beau et fort rare.

2221 **Amir** 495-524 = a.d. 1101-1130 *Dinar* fr. à **Misr** an 505, Br. Mus. IV. n. 205 Or. gr. 3.9 t.b.c.

2222 **Hafeth** 524-544 = a.d. 1130-1149 *Dinar* fr. à **Misr** an 537 Br. Mus. IV n. 232. Or. t.b.c. troué Rare.

XIII. Les Sultans Mamelouks.

I. Les Mamelouks Bahrites.

2223—2224 **Zahir Bibars** 658-676 = a.d. 1260-1277 *Dirhem* sans date ni atelier et sans lion; Comp. Br. Mus. IV n. 481 et *Dirhem* avec lion à g. manque au Br. Mus. 2 ps. t.b.c.

2225 — *Dirhem*, 3 variétés dont deux au lion à g. et une sans lion t.b.c. et b.c.

2226 **Nasir ed-din Baraka,** 676-678 = a.d. 1277-1279 *Dirhem* au lion à g. manque au Br. Mus. Rare t.b.c.

2227—2228 **Mansour Kalaun** 678-689 = a.d. 1279-1299 *Dirhem* Br. Mus. IV n. 492 et variété manquant au Br. Mus. fr. à **Dimishk** Rare. 2 ps. t.b.c.

2229 **Ashraf Khalil** 689-693 = a. d. 1290-1293 *Mohur* fr. à **Kahira** (Caïro) comp. Br. Mus. IV n. 495 (pl. VI 495) Or. gr. 7.1. Beau et rare. *Voir la reproduction.*

2230 **Nasir Mohammed,** 693-694 et 698-708 = 1293-1309 *Mohur* fr. à **Kahira** sans date et sans légende circulaire. Or. gr. 8.5 Rare t.b.c.

2231 — *Dirhem* sans date ni lieu b.c. *Fels* au rouet fr. à **Dimishk** Br. Mus. IV pl. VI. n. 525 Ae b.c. Rare. 2 ps.

2232 **Saleh Ismael,** 743-746 = a. d. 1342-1345 *Mohur* fr. à **Kahira** (Caïro) an 743 comp: Br. Mus. IV pl. VI 529 Or. gr. 8.5. Beau et rare.
Voir la reproduction.

2233 — *Dirhem* sans date ni lieu b.c.

2234 **Kamil Shaaban,** 746-747 = a. d. 1345-1346 *Mohur* fr. à **Caïro** an 747 Or. gr. 7.7 t.b.c. Rare.

2235 **Modhaffer Haji** 747-748 a. d. 1346-1347 *Mohur* fr. à **Dimitsch** (Damas) an 747 Br. Mus IV pl. VII n. 546 Or. gr. 6.3 Beau et Rare.

2236 **Nasir Hasan,** 748-752 et 755-762 = a. d. 1347-1361 *Mohur* fr. à **Iskandria,** Br. Mus IV. n. 558 Or. gr. 10. Beau et rare.

2237 **Saleh Salah,** 752-755 (interrègne) a. d. 1351-1354, *Mohur* fr. à **Caïro** an 754? Br. Mus. IV. pl. VII. n. 555 Or. gr. 8.5. Beau et rare.
Voir la reproduction.

2238 **Mansour Mohammed,** 762-764 = a. d. 1361-1363 *Mohur* fr. à **Iskandria** an 764 Or. gr. 6.6 t.b.c. fort rare.

2239 **Ashraf Shaaban** 764-778 = a.d. 1363-1377. *Mohur* fr. à Caïro an 771. Or gr. 6.1. Beau et fort rare.

2240 **Mansour Ali** 778-783 = a.d. 1377-1381 *Mohur* fr. à Damas an 778. Br. Mus. IV n. 607. Or gr. 8.9. t.b.c. Rare.

II. Les Mamelouks Bordjites.

2241 **Barkok-Zaher** 784-801 = a.d. 1382-1399. *Mohur* fr. à **Haleb.** Br. Mus. IV, pl. VIII n. 624. Or gr. 7.95. Superbe.

2242 — ¹/₂ *Dirhem* fr. à **Caïro,** Br. Mus. IV pl. VIII 628, b.c.

2243 **Ashraf Barsabey** 825-842 = a.d. 1422-1438. *Dinar* fr. à **Caïro,** Comp. Br. Mus. IV, pl. VIII n. 655. Or gr. 3.3. Beau et rare.

2244 **Zaher Jakmak** 842-857 = a.d. 1438-1453. *Dinar,* Br. Mus. IV, pl. VIII 663. Or gr. 3.2, t.b.c.

2245 — ¹/₂ *Dirhem,* manque au Br. Mus. gr. 1.7, t.b.c. Rare.
Voir la reproduction du droit.

2246 **Ashraf Eynal** 857-865 = a.d. 1453-1461. *Dinar* sans date ni atelier. gr. 3.5 Or. t.b.c.

2247 — ¹/₂ *Dirhem* sans date, gr. 1.5 t.b.c. troué. Rare.

2248 **Zaher Khuskadam** 872 = a. d. 1467 *Dinar* comp: Br. Mus. IV. pl. VIII n. 670 Or. gr. 3.3 t.b.c.

2249 **Ashraf Kait-Bey** 873-901 = a.d. 1468-1496 *Dinar* sans date ni atelier Or. gr. 3.4 t.b. c.
Voir la reproduction.

2250 **Kansouh Ghori**, 906-922 = a. d. 1501-1516 *Dinar* fr. à **Caïro** an 911, type de Br. Mus. IV n. 690 pl. VIII n. 689 Or. gr. 3.3. Beau et rare.

XIV. Les Khalifes Ayoubites.

2251 **Saleh-ed-din** 564-589 = a. d. 1169-3193 *Dirhem* an 574 légende dans un carré, type Br. Mus. IV. pl. III n. 260 t.b.c.

2252 — *Fels*, figure assise sur un trône les jambes croisées, couvert d'un turban et tenant globe. Br. Mus. IV type III n. 275 m. m. 30. Ae. b.c.

2253—2254 — *Demi Fels* fr. à Damas, type IV avec légende *ul mallik ul nasir* et au rev. *Jussef ibn Ayoub.* Y joint *Demi Fels* au type du n. 2251 Br. Mus. IV. n. 262 Rare m.m. 22 Ae. b.c. 2 ps.

2255 **Aziz I** 589-595 = a. d. 1193-1198 *Fels* avec legende *Osman ul mallik ul azis* rev. *Bur ul mallik nazir.* Br. Mus. IV type II m. m. 25. Ae. t.b.c.

2256 **Zaher Ghazi** et **Aziz II** (ligne de Haleb) 582-634 = a. d. 1186—1236. *Fels* légende en double cartouche octogone; m.m. 22. 2 ps. Ae. b.c.

2257 **Nasir Yusuf** (de Haleb) 634-658 = a.d. 1236-1260 Dirhem an 64? fr. à Alep, légende dans un hexagramme. Br. Mus IV n. 334 gr. 2.7 troué b.c. Rare.

2258—2260 *Demi Fels* au hexagramme, n. 2259 légende *ul mallik ul Imam Mostansir nasir* Rev. *Ul mallik ul Aziz* n. 2260 avec *Ul mallik nasir Yusuf.* Rev. *Ul mallik ul Aziz.* 3 ps. Ae. b.c.

2261 — **Adil I** (ligne d'Adil) 592 = a. d. 1196 *Dinar* fr. à **Iskanderiya** an 596 Br. Mus. IV pl. IV. n. 331 un peu rogné. Or. gr. 4 b.c.

2262—2263 *Dirhem* légende dans un cartouche à six lobes. Br. Mus pl. IV 358 b.c. *Demi Dirhem* fr. à Damas légende dans un triple hexagramme. Br. Mus. pl. IV 357 t.b.c.

2264—2266 *Trois demis Fels* du type III fr. à **Damas** Br. Mus. IV pag. 102 légendes variées 3 ps. Ae. b.c.

2267 **Kamil** (en Egypte) 615-624 = a.d. 1218-1227 *Double Dinar* fr. à **Iskanderiya** an 622? Br. Mus. pl. IV n. 374 Or. gr. 6.9 frappe irrégulière mais conservation parfaite.

2268 *Demi Dirhem* Br. Mus. IV n. 408. 2 variétés b.c.

2269 **Adil II** 635-637 = a.d. 1238-1240 *Demi Dirhem* au titre *Saif-ud-din abou Bekr*, la légende dans un carré. gr. 4 b.c.

2270 **Saleh Ayoub** 637-647 *Dirhem* légende dans un carré entouré de perles. manque au Br. Mus. b.c. Rare.

2271—2272 *Demi Dirhem* de **Saleh Ismael,** n. 2272 *Demi Dirhem* de **Nejm eddin Ayoub** b.c.

2273 **Aschraf** (branche des Hims) *Fels* à figure assise, les jambes croisées, Br. Mus. IV, type II, m.m. 24. Ae. b.c. Rare.

XVI. Autres Dynasties africaines.

2274 *Dinar* de **l'Axumite Ezana** an 356. Prideaux pl. I. II. Or. Beau et fort rare.

2275 **Abyssinia. Menelik** 1/8 *Talaro* type à la couronne gr. 1.4 t.b.c.

2276 — *Talaro* et 1/4 Talaro, au buste couronné, gr. 35, 2 ps. t.b.c.

2277 **Zanzibar, Said Bargasch** Cent de 1299. Ae. t.b.c.

2278 **Saba Omdan Jehakbadh** *Demi Dirhem* fr. à **Raidan en Zafar**. Prideaux pl. X 4, b.c. Rare.

2279 **Himyriates.** *Dirhem* Buste et Hibou m.m. 24 gr. 5. b.c. Rare.

2180 **El Hadi (des Beni Rasi) Imam** (Gouverneur) de **Sada** *Dinar* fr. à **Sada** en 298. Br. Mus. Additions 1890 pl. XXVI n. 360—200. Or. gr. 2.8 superbe. Rare.

2281 **Beni Ziyad. Ishak bin Ibrahim** *Dinar* de **Zebed** an 346, Or. gr. 2.8 Beau. Unique.
Voir la reproduction.

XVIa. Révolte au Soudan.

2282 **El Khalife Abdoullah,** *Piastre* de 1306, fr. à **Omdurman,** Thougra ou légende entourées d'une chaine, m.m. 36, gr. 23.7 t.b.c. Rare.

2283 — *Piastre* de l'an 1309, même type, m.m. 35, gr. 20.4, b.c. Rare.

2284 — *Piastre* de l'an 1310. Thougra et légende entourées de branches, m.m. 35, gr. 20.2, t.b.c.

2285 — *Piastres de Nécessité* de 1311 et 1312 fr. à **Omdurman,** m.m. 33 et 35, 3 ps. Ae. b.c.

XVII. Beni Rasoul et autres Dynasties de Yemen.

2286 **El Mosaffer Yousuf** 647-694 = a.d. 1249-1295, *Dirhem*
an 687 comparez Br. Mus. Addit. 1890 pl. XXIV n. 358[b] t.b.c.

2287 **Mouayiad Daud,** 696-721 = a.d. 1297-1321 *Dinar* an 717
fr. à **Aden.**
Frappé au nom du Khalife Motasim Billah, Comp. Br. Mus.
V. pl. VII 359 Or gr. 4,8 Beau et rare.
Voir la reproduction.

2288 — *Dirhem* fr. à **Mahjam** an 715 Comp. Br. Mus. Additions
1890 n. 359 i. m.m. 28 b.c. Rare.

2289 **Moujahid Ali,** 721-764 = a.d. 1321-1363 *Dirhem* fr. à
Mahjam an 745, avec figure courant a dr dans un cartouche à
six lobes ; t.b.c. Rare.
Voir la reproduction du droit.

2290 — *Dirhem* pareil fr. à **Zebid** an 748. Oie courant à g au
droit t.b.c. Rare.
Voir la reproduction du droit.

2291 *Dirhem* pareil avec deux poissons, cartouche à six lobes b.c.

2292 **Afdal Abbas,** 764-778 a.d. 1363-1376 *Dirhem* fr. à **Sana**
ou Taizz an 764, fleur au dessus de la légende t.b.c.
Voir la reproduction du droit.

2293—2294 — *Dirhem* fr. à **Aden** an 765, sans figure m.m. 25
t.b.c. et *Dirhem* même atelier de 774 avec poisson au dessus
de la légende. Br. Mus. Additions 1890 pl. XXIV, 360-52.
Beau, rare. 2 ps.

2295 — *Dirhem* fr. à **Mahjam,** an 774, avec lion à g. sous la
légende, Comp. Br. Mus. Additions 1890 pl. XXIV-360-50 t.b.c.

2296 — *Dirhem* fr. à **Zebid** an 77? oiseau a. g. au dessus de la
légende et le titre *zargham ed din* t.b.c. Rare.

2297 — *Dirhem* fr. à **Aden** avec poisson à dr dessous de la
légende, comp : Br. Mus, 1890 pl. XXIV 360-54 t.b.c.

2298 **Ashraf Ismael.** *Dirhem* avec la date 78? comp. Br. Mus.
1890 pl. XXIV 360-53 t.b.c. Rare.

2299 **Mokha,** Trois *Demi Fels* de **Mokha Bandar** an 970 m.m.
15. Ae. b.c.

2300 **Nejed.** Monnaie incertaine. Ae. b.c. Rare.

2301—2305 **Abdoullah Imam de Tafar**. *Dirhem* fr. à **Zafar** m.
m. 23, 5 pièces variées. — t.b.c.
Voir la reproduction du n. 2301.

2306—2307 **Dynasties de Yemen. Emirs de Harar**, quatre monnaies
incertaines de Harar. n. 2307 deux Monnaies de l'Emir **Abdur
Zaief** 2 ps. variées, ensemble 6 ps.

2308 **Muscate et Oman, Fazl ben Turki** *l'Iman*. $^{1}/_{4}$ *Anna* de 1311
vue du château, légende anglaise, Rev. Légende arabe. Ae. t.b.c.

2309 — $^{1}/_{4}$ *Anna* de 1315 autre type. Ae. t.b.c.

XVIII. Dynasties Mahommétanes de l'Europe.
Les Turcs Ottomans.

2310 **Amurat II** 824-858, *Para* fr. à **Adrianopel ?** an 834. Br. Mus.
VIII pl. III n. 116 t.b.c.

2311 **Soliman** *Para* fr. à **Misr** an 926, a.b.c. Rare.

2312 **Ahmed I,** *Para* de 1012 Br. Mus. VIII pl. V n. 294 troué b.c.

2313 **Osman II** *Para* de 1027. Br. Mus. VIII n. 313 troué a.b.c.

2314 **Soliman II,** Monnaie de cuivre de 1099. Br. Mus. VIII n. 400
Ae t.b.c.

2315 **Mustapha II,** *Isolotto* (*Piastre*) de 1106 fr. à **Constantinople**
Br. Mus. VIII n. 415, gr. 18.9 t.b.c.

2316 — *Yigermlik* pareil fr. à **Constantinople**. Br. Mus. VIII n.
420, gr. 9 b.c.

2317 **Ahmed III,** *Isolotto* de 1115 fr. à **Constantinople**. Br. Mus.
VIII pl. 443 var. t.b.c. et *Para* troué même date Br. Mus.
pl. VII 457.

2318 **Mahmoud I,** *Double Sequin* fr. à **Misr** an 1153 formule B,
bord uni. m.m. 32 Or. gr. 5.2 Beau, seulement petit trou au bord.

2319 — *Onlik* fr. à **Constantinople** an 15 (1158) gr. 4.2 troué b.c.

2320 **Mustapha III,** *Altmichlik* an 9 (1180) fr à **Islamboul**. m.m.
44 gr. 25.5 t.b.c.

2321 — *Onlik* an ٨٤ (1186) Br. Mus. VIII n. 622 gr. 5.3 t.b.c. mais
troué et *Fels* fr. à *Tunis* an 1177 Br. Mus. n. 662 Ae. t.b.c.

2322 **Abdul Hamid** *Sequin* de 118.. fr. à **Misr** an ٢ Or. gr.
2.6 Superbe.

2323 — *Altmichlik* fr. à **Constantinople** an 9 (1195) m.m. 43 gr. 27 t.b.c.

2324 — *Yigirmlik* an ۱۲ (1200) fr. à **Constantinople**, troué, et *Isolotte* fr. à **Tunis** aussi an 1200 t.b.c. y ajouté *Yigirmlik* an ۱۱ (1188) de Constantinople fr. en plomb. 3 ps.

2325 **Selim III.** *Sequin* de 1210 fr. à *Islamboul* an ۸ Br. Mus. VIII n. 759 Or. t.b.c. petit trou.

2326 — *Youzlik* ou *Piastre* an ۱۲ (1204) fr. à **Islamboul**, Br. Mus VIII n. 781 m.m. 45 gr. 31.3 t.b.c.

2327 — *Yigirmlik* de 1216 fr. à **Tunis**, type inconnu t.b.c. *Voir la reproduction du revers.*

2328 — Essai d'une Monnaie fr. à **Tunis** en 1210. Br. Mu͏s. VIII n. 821 m.m. 35 Ae. Belle.

2329 **Mahmoud II,** *Sequin* an 11 (1233) fr. à **Constantinople** bordure de fleurs type II. Comp. Br. Mus. VIII n. 862. Or. Beau avec petit trou.

2330 — *Yigirmlik* fr. à **Misr** an ۱۲ (1246) troué t.b.c.

2331 **Abdil Mejid,** *Mejidyeh* (20 piastres) de 1266, fr. à **Constantinople** gr. 23.5 t.b.c., 40 *Paras* an 19 et *Karoubeh* de **Tunis** de 1269 contremarqué Ae. Ensemble 3 ps. t.b.c.

2332 **Abdel Aziz,** 20 *Piastres* de 1291 fr. à **Constantinople** 10 *Paras* an 4 (1281) d'Egypte épreuve en argent, et 10 Paras pareil 3 ps. c.b. Ae.

XIX. Khans de la Crimée (Krim).

2333 **Mengli Girai I,** 873-882 a.d. 1469-1477 *Para* t.b.c. Rare.

2334 **Daulat I,** *Para* de 958 et **Mohammed II** *Para* s.d. Billon 2 ps. t.b.c. Rares.

2335 **Ghazi II,** *Para* fr. à **Perekop** de 996 et **Saadat II** *Double Para* fr. à **Bagcha Serai** de 1102. 2 ps. Rares.

2336 **Ghazi III,** 2 *Paras* même atelier de 1116 et même pièce de **Krim Gerai** de 1172 Br. Mus. VI pl. VIII 574 troué, 2 ps. Rares.

2337 **Shahin Girai,** 10 *Paras* de an ۱۲ (1192) fr. à **Bagcha Serai** Br. Mus. VI pl. VIII n. 585 t.b.c.

XX. Dynasties de l'Asie Centrale et Occidentale.

2338 **Saffarides. Yakoub** 255-265 = a. d. 868-878 *Dirhem.* fr à **Benjir** au nom du Khalife **Mutamid** an 261, manque au Br. Mus. t.b.c. Rare.

2339 **Hamdanides. Nasir** et **Seyffed daulah** *Dirhem* de convention fr. à **Mossoul** an 349 b.c. Rare.

2340 **Ikchitides. Aboul Kasim** 334-349 = a.d. 946-960 *Dinar* fr. à **Filistin** date indistincte, vraisemblablement 337; comp. Br. Mus II n. 233. Or. a.b.c. Rare

2341 **Bouïdes. Adoud ed Daulah** 338-372 *Dirhem* fr. à **Schiraz** an 355, troué, b.c.

2342 **Roukned Daulah** 320-366 *Dirhem* fr. à **Shibarkan** an 361, manque au Br. Mus., t.b.c. avec. trace d'oeuillet.

2343 **Bahaed Daulah** 379-403 *Dirhem* fr. à **Basrah** an 391 t.b.c.

2344 **Sultan ud Daulah** 403-415 *Dirhem* fr. à **Schiraz** an 404. Br. Mus II pl. VII n. 687 (de 405) t.b.c.

2345 **Fakhr ud Daulah** 366-387 *Dinar* sans date ni lieu, manque au Br. Mus. Or. gr. 3.5 b.c. Rare.
Voir la reproduction.

2346 **Mejd ud Daulah** — 387-412. *Fels* fr. à **Silk** an 404. Ae. m. m. 26. b.c. Rare.

2347 **Sama ud Daulah,** *Dirhem* de l'an 414 avec titre *Amir ut Omara*, manque au Br. Mus. a.b.c. Rare.

XXI. Gouverneurs du Seistan (Afghanistan).

2348 **Khalaf,** *Fels* an 325? Br. Mus. III n. 33 m.m. 26 Ae a.b.c.

2349 **Ahmed bin Mohammed,** 340-344. *Demi Fels* fr. à **Seistan** an 340 Br. Mus. III, pl. I n. 34 Ae. 2 ps. variées b.c.

2350 **Kuth-uddin,** Monnaie en plomb inédite et unique, fr. à **Nimroz** Manque au Br. Mus. ébréché mais t.b.c.

2351—2352 **Izzud eddin,** *Dirhem* fr. à **Nimroz** m.m. 33 et 34 gr. 7.7 et 8. Manque au Br. Mus. a.b.c. 2 ps. légèrement variées. Rares.

2353 — *Dirhem* fr. à **Nimroz** an q∧ (398) variété inédite, avec titre „*Sultan ul adil*" m.m. 27 gr. 5.5 t.b.c. Rare.
Voir la reproduction.

2354 — *Demi Fels* manque au Br. Mus. m.m. 17 Ae a.b.c.

2355 **Nasir ed din** 1/2 *Fels* fr. à **Seistan** et **Kanan** 2 ps. Ae. t.b.c. Rare.

2356 **Nasr bin Bahram,** Monnaie de Billon. Br. Mus. Addit. 1890 pl. XIV 42 ps. t.b.c.

2357 **Tajuddin Nasr**. Deux monnaies avec la légcnde dans un quadrilobe, m.m. 17 et 16, 2 ps. Ae. t.b.c.

2358 — Deux pièces legèrement variées m.m. 15, 2 ps. Ae. Belles.

XXII. Khans Ilek du Turkestan.

2359 **Seif ud Daulah**, *Fels* fr. à **Khujandah** (Khodjend) an 404 m.m. 27. Ae. Beau et rare.

2360 **Toghan Khan**, *Fels* fr. à **Bokhara** an 405 m.m. 27, manque au Br. Mus. Ae t.b.c. Rare.

2361 **Arslan Khan** *Fels* ébréché an 412 et **Eelik Arslan** *Fels* fr. à **Bokhara** an 4?? avec fleur des deux cotés ⌐ m.m. 31 Ae.

2362 — *Fels* avec sigillum davidis dans un cercle et *Fels* avec الدولة dans un triangle entouré de trois ◯ m.m. 28 et 32, 2 ps. Ae. b.c.

2363 **Elik Nasr**, *Dirhem* de **Bokhara** an 416, troué b.c. et *Fels* fr. à **Bokhara** Br. Mus II n. 439. Ae. t.b.c.

2364 **Arslan Karra** *Dirhem* fr. à **Kaschgar** an 428 manque au Br. Mus. m.m. 24 t.b.c. Rare.

XXIII. Les Samanides de Perse.

2365 **Ismaël ibn Ahmed** *Dirhem* fr. à **Samarkand** an 293. Br. Mus. II n. 270 t.b.c. et *Fels* an 280 Ae. t.b.c. 2 ps. Rares.

2366 **Ahmed ibn Ismaël**, an 279-295 = a.d. 892-907 *Dirhem* fr. à **Samarkand** an 295, Br. Mus. n. 278 t.b.c. Rare.

2367 **Nasr II**, 301-331 a.d. 913-942 *Dirhem* fr. à **Inderabeh** m.m. 30 t.b.c. Rare.

2368 — *Dirhem* fr. **Samarkand** an 322? m.m. 30 et *Dirhem* sans date même atelier, m.m. 35 2 ps. b.c.

2369 — *Fels* an 305 Br. Mus. II n. 349 b.c. et *Fels* fr. à **Samarkand** an 305 manque au Br. Mus. ébréché b.c. Ae. 2 ps.

2370—2371 *Fels* fr. à **Bokhara**, an 315 type de Br. Mus. pl. IV 350 t.b.c. et 3 pièces variées avec dates illisibles b.c. ensemble 4 ps. Ae.

2372—2373 *Fels* fr. à **Samarkand** an 322 avec légende circulaire
au revers Ae. t.b.c. et *Fels* sans date avec titre *abi-panah*
et bord dentelé Ae. b.c.
Voir la reproduction du revers de n. 2372.

2374—2375 **Nouh I,** 331-243 *Fels* fr. à **Bokhara** an 336. Br. Mus.
II 380 et 381 Ae. t.b.c. 2 ps.

2376 **Abdel Melik,** 343-350 *Dirhem,* manque au Br. Mus. m.m. 33,
deux trous b.c. Rare.

2377—2379 — *Fels* fr. à **Bokhara** an 346 Br. Mus. II n. 389, an
349 autre type et 1/2 *Fels* fr. à **Bokhara** an 50 (350) m.m.
20 3 ps. Ae. t.b.c.

2380 **Mansour I,** 350-366 *Dinar* an 361 Br. Mus. II n. 393 avec
quatre oeuillets, porté comme bijou, b.c. Rare.

2381 — *Fels* fr. à **Bokhara** an 358 m.m. 28. Br. Mus. II 409 Ae. t.b.c.

2382 — *Fels,* deux variétés dont l'une avec ancre au revers. 2 ps. Ae. bc.

2383 **Nouh II,** *Mohur* fr. à **Nisabor** (Nischapour), Comparez Br.
Mus. II 418 m.m. 24 Or. gr. 5.2 t.b.c. Rare.

2384 — *Double Dirhem,* comp: Br. Mus n. 419 m.m. 45 gr. 12
a.b.c. Rare.

2385 — *Demi Dirhem* avec titre *Husam ud daulah* m.m. 17 gr. 2.4
Rare b.c.

2386—2388 *Fels* de **Bokhara** an 376 t.b.c. et *Fels* pareil an 379
comp Br. Mus II. n. 422 et 424 et **Samarkand** an 380 a.b.c.
3 ps. Ae.

2389-2390 *Fels* de **Bokhara** Br. Mus n. 420 t.b.c., n. 427 b.c.
et variété, les deux derniers ébréchés. Ae. 3 ps.

XXIV. Empire des Ghaznévides.

2391 **Sabaktegin** 366-387 = a.d. 976-997 *Dirhem* fr. à **Ferwan**
an 380? Br. Mus II n. 450 m.m. 21 a.b.c.

2392 — *Dirhem* pareil, la légende circulaire fait défaut parceque le
flan était trop petit. Br. Mus. 452 m. m. 18 t.b.c.

2393 — *Fels* fr. à **Samarkand** an 381 m.m. 31 et *Demi Fels*
type du n. 2392 m.m. 17 troué 2 ps. Ae. a.b.c.

2394 **Ismael** 387 = a.d. 997 *Dirhem* rogné Br. Mus n. 457 m.m.
18 b.c. Rare.

2395 **Nasr** frère de **Mahmoud** le Grand, *Dirhem* fr. à **Seistan,** Manque au Br. Mus. m.m. 26 b.c. très rare.

2396 **Mahmoud** 388-421 *Dinar* fr. à **Nisabor** an 408, type de Br. Mus. II n. 467 Or. gr. 3.9 petit trou, t.b.c.

2397 — *Dirhem* bilingue, droit légende arabe, rev. lég. en sanscrit fr. à **Mahmoudpour** an 417, Br. Mus. II pl. VI n. 506 b.c. Rare.

2398 — *Dirhem* bilingue légèrement varié, b.c. Rare.

2399 — *Dirhem* fr. à **Balkh** an 424. Br. Mus. II n. 502 m.m. 24 t.b.c.

2400 — *Dirhem* fr. à **Ferwan**, légende dans un double cercle orné de quatre o, comp. Br. Mus. II, n. 490 b.c.

2401 — *Dirhem* avec mention du mois **Safar**, manque au Br. Mus. rogné, m.m. b.c. Rare.

2402 — *Dirhem*, rogné, au nom du Samavide **Seif ud Daulah,** Br. Mus. II 471 a.b.c.

2403—2404 — *Dirhem* sans date ni lieu. Br. Mus. n. 489 et avec deux ✳ comme marque. Br. Mus. 494. 2 ps. b.c.

2405—2406 — *Demi* et *quart Dirhem* avec le titre *Nasir billah* Br. Mus. Additions 1890 type VIII 514 *aa* troué et 514 *bb* 2 ps. t.b.c.

2407 — *Dirhem* au titre *Aboul Kassim Kadir billah nizam ud din. Yamin ud daulah amin ul millah.* m.m. 26 gr. 5.3 t.b.c.

2408 — *Dirhem* au titre *Nizam ud din al Kadirbillah* manque au Br. Mus. m.m. 18 gr. 3. b.c.

2409 — *Dirhem* pareil avec *Nizam ud din*, a.b.c. et *Dirhem* avec الله = „*Allah*" répété huit fois sur le bord des deux côtés, type Br. pl. V n. 492 t.b.c.

2410—2411 — *Dirhem* · o · au dessous de la légende m.m. 19 et *Dirhem* Mus. II large m.m. 28 2 ps. a.b.c. avec *adl* et „*Bismillah*" en haut.

2412—2414 — Trois petits *Dirhems* touts variés des pièces décrites dans les Catal. du Br. Mus. t.b.c. Rares.

2415—2416 — *Dirhem* avec *Yamin ud daulah amin al millah,* m.m. 21 a.b.c. *Petit Dirhem* autre variété a.b.c. 3 ps.

2417 — *Fels* fr. à **Kourgazneh** (Ghaznah), fr. en son propre nom Br. Mus II n. 515. Ae. b.c. Rare et deux pièces variées de Br. Mus II. 518 3 ps.

2418 — *Fels* légende entre quatre haches, *Fels* avec légende dans un cercle posé dans un carré et *Fels* avec légende entourant un triangle, trois pièces rares. Ae. a.b.c.

2419 **Mohammed** comme gouverneur pendant la vie de son père **Mahmoud** *Dirhem* fr à **Jouzjon** an 414 Br. Mus II pl. IV n. 519 b.c. Rare.

2420 — *Dirhem* manquant au Br. Mus. b.c. Rare.

2421 — Monnaie au type indien avec taureau et cavalier, le nom au dessus du cheval, Manque au Br. Mus m.m. 16 a.b.c. Rare.

2422 **Masoud I** 421-432 *Dirhem* fr. à **Nisabor** an 423 m.m. 22 b.c. 2 pièces variées Rares,

2423 — *Dirhem* pareil fr. à **Balkh** an 430 t.b.c. Rare.

2424 — *Dirhem* pareil sans nom d'atelier an 429 t.b.c.

2425 — *Petit Dirhem* sans date ni atelier. Br. Mus. n. 523 b.c.

2426 — *Dirhem* pareil, Br. Mus. II n. 537 t.b.c.

2427 — *Petit Dirhem* au nom *Al Kadir billah Nasir ladin illah*, manque au Br. Mus. t.bc. Rare.

2428 — *Petit Fels* manque au Br. Mus. type du Dirhem Br. Mus. n. 522 Ae. t.b.c. Rare. Y ajouté *Petit Fels* type Br. Mus. n. 536 Ae. b.c. 2 ps.

2429 **Modoud** 432-440 *Petit Dirhem* Br. Mus. II n. 536 t.b.c.

2430 — *Petit Dirhem*, bordure avec ٥ـ۴ـ répété sept fois au deux côtés Br. Mus. II n. 541 b.c.

2431—2432 *Fels* (petit module) fr. à **Ghaznah** avec *Bin Masoud Shahab ud daulah Fakhr ul millah* manque au Br. Mus. Rare et *Fels* Br. Mus. n. 536. Rare.

2433 **Ali** 440 *Fels* inconnu et unique m.m. 28 Ae. t.b.c.
Voir la reproduction.

2434 **Abdur Rashid**, 440-444 *Dinar* manque au Br. Mus. m.m. 24 Or gr. 2.6. Rare.

2435—2436 *Petit Dirhem* Br. Mus. 543 et *Dirhem* varié avec ,,*fath*" 2 ps. b.c.

2437 *Petit Dirhem* droit au taureau Nandi et *Sri Samanta deva* en sanscrit. Br. Mus. 545 b.c. Rare.

2438 **Ferukzad** 444-451. Deux *Petits Dirhems* fr. à **Ghaznah** Br. Mus. 548 b.c. et a.b.c. 2 ps.

2439 — *Petit Fels* au taureau Nandi et titre *abou Shuja* manque au Br. Mus. m.m. 15 Ae. t.b.c.

2440 **Ibrahim**, 451-492 *Mohur* fr. à **Ghaznah**. Manque au Br. Mus. m.m. 24 gr. 4.7 Or. t.b.c. Rare.

2441 — *Petit Dirhem* fr. à Ghaznah au taureau et au cavalier t.b.c. Rare.

2442 — *Petit Dirhem*, lég. arabe de deux côtés. Br. Mus. 558 Deux
pièces variées t.b.c.

2443 — *Petit Dirhem*, lég. arabe et taureau avec lég. hindi; type
de Br. Mus. pl. VI. 562 m.m. 14 gr. 3.3 b.c. Rare.

2444 — *Petit Dirhem*, type manquant au Br. Mus. lég. en quatre
lignes des deux côtés, 2 var. t.b.c.

2445 — Trois *Dirhems* pareils, touts légèrement variés. b.c.

2446 — Trois *Dirhems* pareils, légèrement variés. b.c.

2447 — Trois *Dirhems* pareils, légèrement variés. b.c.

2448 — *Fels* avec titre. *Zahir ud daulah nasir ul millah"* manque
au Br. Mus. m.m. 24 a.b.c. Rare.

2449 — *Petit Fels* au taureau Nandi et inscr. sanscrite. Rev. lég.
arabe avec „*adal*" Comp. Br. Mus. pl. VI 562 Ae. t.b.c. Rare.

2450—2452 Même pièce avec „*Seif*" t.b.c. rare; n. 2451 Même
pièce avec *adal* b.c. n. 2452 Même pièce avec „*abul Mozaffer*"
t.b.c. 3 ps. Ae.

2453 **Mesoud III** 492-508 *Dirhem* au taureau Nandi et au cavalier,
b.c. Rare.

2454 — *Petit Fels* au taureau, Rev. lég. arabe en 3 lignes avec
ala ud daulah m.m. 14 Ae. b.c. Rare.

2455 — *Petit Fels,* lég. arabe dans un carré, des deux côtés, m.m.
19 Ae. t.b.c. Rare.

2456 — Même pièce, les légendes dans des cercles, 2 variétés. Ae. b.c.
Rare.

2457 — Même pièce, taureau et lég. arabe. Br. Mus. n. 570 Ae.
t.b.c. Rare.

2458—2459 **Arslan** 509-512 *Petit Dirhem* type au taureau b.c.
Rare. n. 2459 Même pièce en cuivre fr. à Lahore an 508
Ae. b.c. Rare.

2460 **Bahram Shah** 512-547. *Petit Dirhem,* lég. arabe en 4 lignes
des deux côtés, bordure d'annelets. Br. Mus. II n. 573 t.b.c.

2461 — *Dirhem* pareil, deux variétés, bordure de points t.b.c.

2462 — Petite monnaie, bordure rayonnante. Inédite Ae. t.b.c
Voir la reproduction.

2463 — Même pièce, nom dans un carré, légende dans un cercle.
b.c. Rare.

2464—2465 Même pièce, droit au taureau. Br. Mus. n. 577 ; n. 2465
Même pièce, Br. Mus. n. 580 Ae. belle. 2 ps.

2466 — Trois pièces variées au même type, etc. petite monnaie au type du n. 2462. 4 ps. Ae. b.c.

2467 **Kosrou Shah** 547—555 *Dirhem*, lég. arabe de deux cotés b.c. Rare.

2468 — Monnaie type Nandi, comp. Br. Mus. 580. Ae. belle et Même pièce avec titre *Mouizzud daulah* a.b.c. 2 ps. rares.

2469 **Kosrou Melik** 555-583 Monnaies avec marques divers, croissant et cercle 2 variétés, étoile et cercle et avec étoile au dessus de „*as Sulten*" Br. Mus. n. 581 etc. 4 pièces. Ae. t.b.c.

2470 — Même pièce, Nandi type; Br. Mus 584. Ae. Belle et rare.

XXV. Les Grands Seldjoucides.

2471 **Togrul-beg** 429-455 = a.d. 1036-1063 *Dinar* fr. à **Nisabor** an 447 type de Br. Mus. III n. 56, frappe irrégulière m.m. 20 Or. gr. 2.7 t.b.c.

2472 **Alp Arslan,** 455-465 *Dinar* fr. à **Hamadán** an 463 m.m. 26 Or. gr. 3.2 Beau et rare.

2473 **Bargiyarak.** 487-492 *Dinar* fr. à **Ispahan** an 489 type de Br. Mus. III pl. II n. 65 m.m. 25 Or. gr. 3.7. Beau fort rare. *Voir la reproduction.*

2474 **Mohammed,** 492-511 *Dinar* fr. à **Bagdad** an 500, comp. Br. Mus. III n. 68 m.m. 24 Or. gr. 8.5 t.b.c. Rare.

2475 **Sanjar** 511-552 *Dinar* avec titre „*Moizz ud din abdul Haris*" manque au Br. Mus., avec deux oeuillets m.m. 23 gr. 4 b.c. Fort rare.

XXVI. Seldjoucides de Kerman.

2476 **Kara Arslan-Beg,** *Dinar* an 452 m.m. 27 Or. gr. 3.3. Beau et rare. *Voir la reproduction.*

2477 — *Dirhem* fr. à **Bardasir** an 344 manque au Br. Mus. m.m. 25·troué b.c. Rare.

2478 **Sultan Shah,** *Mohur* fr. à **Bardasir** an 468 m.m. 25 Or. gr. 4.3. Beau Rare.

Seldjoucides de Roum.

2479 *Fels* de **Masoud I** au prince assis Br. Mus. III n. 91 et *Fels* de **Kilij-Arslan II** au prince à cheval. Br. Mus. III n. 93. 2 ps. Ae. a.b.c.

2480 *Fels* de **Kai-Kosrou I** fr. à **Roum** au cavalier. Br. Mus. n. 97, et *Fels* de **Soliman II** au prince à cheval Br. Mus n. 107 2 ps. rares Ae. t.b.c.

2481 **Kaï-Kaous I** *Fels* Br. Mus. n. 14. Ae. t.b c.

2482 **Kaï Kobad I,** *Dirhem* fr. à **Koniéh** (Iconium) an **617**, variété de Br. Mus. III pl. III n. 123 t.b.c.

2483 — Même pièce, comp. Br. Mus. n. 124 t.b.c. et *Fels* fr. à **Roum**. Br. Mus. n. 183. Ae. t.b.c.

2484 **Kaï Kosrou II.** *Demi Dirhem* au lion surmonté du soleil fr. à **Koniéh** an 640 var. de Br. Mus. pl. V n. 226 avec الد ماو accostant le soleil t.b.c. mais troué.

2485—2486 Même pièce type Br. Mus. pl. V n. 190 et *Demi Dirhem* fr. à **Sivas** (Sebaste) Br. Mus. n. 192. 2 ps. b.c.

2487 Même pièce fr. à **Sivas** Br. Mus. n. 190 t.b.c. et Br. Mus. n. 192 t.b.c. avec petit trou 2 ps.

2488 *Fels* fr. à **Arzenjan** au titre „*Ghyas ud dunya wadin*" m.m. 29. Ae. t.b.c. Rare.

2489 **Kaï-Kaous II,** *Demi Dirhem* fr. à **Sivas**, fleur à six pétales entre deux étoiles, au dessus de la légende, t.b.c.

2490 Les trois fils de **Kaï-Kaous II, Izzuddin, Rukauddin** et **Alauddin** *Dirhem* fr. à **Sivas** an 647 comp. Br. Mus. n. 260 et pl. V n. 263 t.b.c. Rare.

2491 **Kaï-Kosrou III,** *Demi Dirhem* fr. à Koniéh, variété de **Br.** Mus. pl. VI n. 273, t.b.c. (très petit trou). *Demi Fels* au revers lég. dans un carré a.b.c. 2 ps.

XXVII. Les Shahs de Kharism.

2492 **El Arslan** 551-567 = a.d. 1156-1171 *Dinar* au nom du Khalife **Mostanjed**, manque au Br. Mus. Or. gr. 3.3 t.b.c. Rare *Voir la reproduction.*

2493 **Alauddin** 596-617 *Mohur* an 6 . . .? comparez Br. Mus. additions 1890 pl. XX n. 589ᶜ m.m. 25 gr. 4.8 Or. t.b.c.

2494 — *Dinar* type de Br. Mus. pl. VII Or. gr. 3.9 b.c.

2495 — *Double Dirhem* fr. à **Ferwan** m.m. 29 gr. 7.5 t.b.c.

2496 — *Double Dirhem* fr. à **Ghaznah** an 617 comp. Br. Mus. additions 1890 pl. XX n. 589cc m.m. 30 gr. 6.4 t.b.c.

2497 — Deux pièces pareilles, l'une avec date 617 l'autre avec oeuillet a.b.c.

2498 — *Double Dirhem* sans légende circulaire, grènetis entre quatre cercles; m.m. 21 gr. 6.3 Beau, inconnu.
Voir la reproduction.

2499 — *Dirhem*, Br. Mus. additions 1890 pl. XX 589*gg* avec oeuillet, b.c.

2500 — Même pièce, sans oeuillet, gr. 3 t.b.c. et *Demi Fels*, type de Br. Mus. II 593 Ae. t.b.c. 2 ps.

2501 — *Demi Fels* fr. à **Zemindawar**, légende circulaire, m.m. 17. Manque au Br. Mus. Beau, rare.
Voir la reproduction.

2502 — *Fels* fr. à **Khorasan**, légende entourée d'un grènetis entre un et deux cercles, m.m. 37 Ae. t.b.c.

2503 — *Fels* pareil, fr. à **Samarkand** an 614, avec légende circulaire. Br. Mus. II pl. VII n. 591 m.m. 39 Ae. Beau.

2504 — *Fels* pareil, légèrement varié; m.m. 40 b.c.

2505 — *Fels* type du cavalier fr. à **Bamian**. Br. Mus. pl. VII n. 611 2 variétés Ae. t.b.c.

2506 — *Fels* type au taureau, sur le corps de l'animal **Ghaznah** (l'atelier) 2 var. Ae. t.b.c.

2507 — *Fels* fr. à **Peshawar** au taureau, 2 ps. t.b.c. l'une rognée.

2508 — Monnaie fr. à **Batoukan?** au cheval à g. dessus nom d'atelier, Br. Mus. additions 1890 pl. XX n. 616⁰ Ae. t.b.c. Rare.

2509 — Même pièce fr. à **Talikan**, Chevalier à g. portant lance. Br. Mus. pl. XX n. 616ᵖ Ae. t.b.c.

2510 –2514 — Même pièce fr. à **Hamirwan** éléphant à g.; n. 2511 fr. à **Karirwan** éléphant à dr. n. 2512 fr. à **Sa'r** éléphant à g. 2513 même type fr. à **Shafurkan**. 2514 même type fr. à **Salurkan**. 5 pièces Ae. t.b.c.

2515—2516 — Même pièce, type au taureau avec **Kerman** et 2516 Même pièce inédite avec **Ba'adeh** 2 ps. Ae. t.b.c.

2517—2518 — *Fels* au cavalier à g. Br. Mus. II pl. VII 607 et n. 2518 *Fels* inédit avec légende circulaire autour d'une fleur entourée de points. Rev. lég. en trois lignes Ae. t.b.c. rare.
Voir la reproduction du n. 2518.

2519—2521 **Alauddin.** Monnaie au cavalier portant lance, type de Br. Mus. add. 1890 pl XX n. 616ᵏ, n. 2520 type inconnu *Sultan* dans un cercle, le nom à l'entour. m.m. 17, n. 2521 taureau avec quatre points sur le corps, 3 ps. Ae. t.b.c.

2522 — *Fels* pareil, lég. en caractères Koufiques des deux côtés, Même pièce avec caractères arabes et autre pièce type du cavalier avec **Kerman** en lég. arabe sur le corps du cheval. 3 ps. Ae. t.b.c.

2523 — Jolie pièce. Br. Mus. II pl. VII n. 593, et autre type au taureau orné d'une fleur de lis. 2 ps. Ae. t.b.c.

2524 **Jelaleddin Monkbarnin** *Dirhem*, manque au Br. Mus. m.m. 28. b.c. Extr. rare.

2525—2530 Six monnaies de cuivre diverses, dont trois inédites, à légendes Koufiqes, un au type du taureau et cavalier, Thomas n. 74 et 75. Ae. 6 ps.

XXVIII. Les Atabeks de Mossoul.

2531 **Seif eddin Ghazi II.** 565-576 *Double Fels* Tête presque de face, les cheveux sur le front, dessus deux Victoires tenant palmes. Br. Mus. III type I pl. X n. 511. m.m. 30. Ae. t.b.c.

2532 Même pièce fr. à *Djezyreh* an 575 avec buste casqué à g. Br. Mus. type II. pl. X n. 521, m.m. 30. Ae. t.b.c.

2533 **Mesoud I** 576-589 *Double Fels.* fr. à **Mossoul** an 585 Br. Mus. III type II n. 529 a.b.c. et même pièce **d'Arslan Shah I** 589-607 fr. à **Nisibin** an 594 à la tête de face. Br. Mus. type I n. 534 b.c. 2 ps. rares.

2534 **Mesoud II** 607-615. Même pièce fr. à **Mossoul** an 607 au buste à g. diadémé, variété de Br. Mus. III. type I n. 538 avec étoile devant le buste m.m. 26, et autre au même type et date, surfrappé, m.m. 30 2 ps. Ae. t.b.c.

2535 **Nasir eddin Mahmoud** 616-631? Même pièce fr. à **Mossoul** an 620, avec la tête de face, Br. Mus III type II pl. X n. 565 m.m. 29. Ae. t.b.c.

2536 — Même pièce, m.m. 30. Ae. belle.

2537 — Même pièce m.m. 30 et autre pièce avec buste posé sur un croissant fr. à Mossoul an 627. Br. Mus III type III n. 567 m.m. 22. Ae. 2 ps. t.b.c.

2538 **Madruddin Loulou** 631-657 Même pièce, tête diadémée à g. dans un carré fr. à **Mossoul** an 631 Br. Mus. III type II pl. X n. 576 m.m. 25. Ae. Belle.

2539 — Même pièce fr. à **Djezyréh** an 644 Br. Mus. III type IV n. 587. Même pièce an 649. 2 ps. b.c. et belle.

XX1X. Les Atabeks de Djezyréh.

2540 **Mouizaddin Sanjar Shah,** 576-604 a.d. 1180-1208 *Double Fels* à la tête de face an 584. Br. Mus III type I n. 636 et *Double Fels* de **Mouizaddin Mahmoud** Buste de face posé sur un croissant, Br. Mus. type I n. 646, 2 ps. Ae. a.b.c. et t.b.c.

2541 — *Double Fels* du même, légende des deux côtés an 649, comparez Br. Mus. type IV n. 587. Ae. t.b.c. rare.

XXX. Atabeks de Syrie à Haleb.

2542 **Nureddin Mahmoud,** *Fels* fr. à **Haleb** lég. *Ul mallik ul adil* rev. *Mahmoud ben Zengi (émis par) Salah uddin* comp. Br. Mus. n. 601 3 var. Ae. b.c.

2543 — *Fels,* type byzantin deux figures debouts, rev. une figure debout, Br. Mus. III pl. XI n. 598 Ae. a.b.c. Rare.

2544 **Saleh Ismaël** *Fels* fr. à **Haleb** comp. Br. Mus. 607 Ae. a.b.c.

XXXI. Atabeks d'Irbil.

2545 **Koukbourie** *Double Fels,* homme à cheval sur un lion fr. à *Irbil* Br. Mus. III n. 655 (Comp. pl. XII n. 658) Ae. t.b.c.

2546 — Même pièce, fr. à *Irbil* an 587 Br. Mus. pl. XII 658 2 pièces variées Ae. a.b.c.

XXXII. Atabeks de Sinjar.

2547 **Imadeddin** *Fels* fr. à **Sinjar** an 579. Br. Mus. III n. 611 Ae. t.b.c.

2548 **Kutbeddin** *Double Fels* au buste à g. fr. à **Sinjar** an 596 Br. Mus. III type III pl. XI n. 621 Ae. t.b.c.
Même pièce au buste casqué a dr. Br. Mus. type III pl. XI n. 619 a.b.c. troué. 2 ps.

XXXIII. Les Ortocides d'Amid et de Kaifa.

2549 **Ortocides d'Amid. Nasireddin Mahmoud** *Double Fels* fr. à **Amid** (Diarbékir) an 617 double aigle dans un cartouche lobé. Rev. sigillum Davidis entouré de légende. Br. Mus. III pl. VII n. 351. b.c.

2550 **Ortocides de Kaifa, Kara Arslan** 543-570 a.d. 1148-1178. *Double Fels* Buste à mi corps à g. portant globe et sceptre. Rev. légende, an 556 Br. Mus. III pl. VII n. 315. Ae. t.b.c.

2551 **Mohammed** 570-581 *Double Fels* an 571 type de l'ange assis à g. Br. Mus. pl. VII n. 332 Ae. t.b.c. et *Double Fels* an 574 fr. à **El Hisn** avec tête diadémée à g., imitation d'une médaille grecque à la tête de Séleucus. Br. Mus. pl. VII n. 337 Ae. a.b.c. Rare.

2552 **Soukman.** *Double Fels* de 594 fr. à **El Hisn** au buste casqué et nimbé de face. Br. Mus. pl. VIII n. 343 a.b.c. et *Double Fels* de **Mahmoud** type I avec double aigle, an 346 fr. à **Amid.** Br. Mus. pl. VII n. 605? t.c. Beau.

XXXIV. Ortocides de Maridin.

2553 **Timourtash** 516-547 a. d. 1152-1176 *Double Fels* fr. à **Maridin** à la tête diadémée à dr., imitation d'une médaille d'Antiochus VII. Br. Mus. III pl. VII n. 365. Ae. Beau.

2554 — Même pièce avec contremarque arabe sur le cou. Br. Mus. n. 366. Ae. a.b.c.

2555 **Alpi** 547-572 *Double Fels* a deux bustes opposés. Rev. deux figures debouts, imitation d'une monnaie de Jean II Comnène. Br. Mus. III pl. VIII n. 372. Ae. t.b.c.

2556 — Même pièce t.b.c. et *Double Dirhem* type IV à deux têtes de face et au revers une tête de face. Br. Mus III pl. VIII n. 380. Ae. 2 ps. b.c.

2557 **El Ghazi** 572-580. *Double Fels* aux deux bustes de face, celui à gauche plus grand, imitation d'une monnaie de Heraclius I et Heraclius Constantinus. Rev. légende. Br. Mus pl. VIII n. 391 et *Double Fels* au buste dans un carré, imitation de Constantinus I Br. Mus. pl. VIII 392 2 ps. Ae. b.c. Rares.

2558 **Youlouk Arslan** 580-597. *Double Fels,* deux bustes, l'un diadémé à gauche et l'autre couronné de face. Br. Mus III type II pl. VIII n. 405. Ae. t.b.c.

2559 — *Double Dirhem* avec groupe de 4 figures avec la date 589 t.b.c. et *Double Dirhem* même type an 587, Br. Mus. type III, pl. VIII n. 412, 2 ps. Ae. t.b.c. Rare.

2560 — *Double Fels* an 596. Personnage cuirassé de face les jambes croissées, tenant son épée horizontalement derrière la tête, à dr. une tête casquée tournée à dr.; à g branche de roses. Br. Mus. III. type IV n. 417 Ae. t.b c. Curieux et rare.

2561 **Ourtouk Arslan** 597-637 *Double Fels* au *Sagittarius* à dr. an 599. Br. Mus. VIII type II n. 433.
Même pièce an 620?, type VI tête à gauche, imitation d'un G. Br. de Claudius pl. IX n. 453 (troué) Même pièce an 634 type XII tête (de la lune?) de face 3 ps. Ae. b.c., a.b.c.

XXXV. Gouridis de Bamian (Afghanistan).

2562 **Alaouddin Hosein Jehansor** mort 556 a.H. ¡*Demi Dirhem* au nom de *Mostanjid* m.m. 18. gr. 3.3 Inédit. Extr. rare. *Voir la reproduction.*

2563 **Hasan bin Hosein** *Demi Dirhem* fr. à **Bamian**. Manque au Br. Mus. m.m. 18. gr. 3.1 t.b.c. Rare.

2564 **Bahaoudin bin Sam** *Demi Dirhem* fr. à **Bamian.** m.m. 22. gr. 9.2 b.c. Rare.

2565 **Ielaleddin Sam** *Dinar* Comp. Br. Mus. additions 1890 pl. XII n. 588 *dd* m.m. 27 gr. 4.5 Or. t.b.c. Rare.

XXXVI. Les Grands Khans.

2566 **Gengis Khan**, *Demi Dirhem*, Thomas The Pathan Kings of Delhi n. 76 t.b.c. Rare.

2567 Même pièce, variété. Thomas 77 Billon et Petite pièce fr. a. **Kirwan** Thomas 78 Ae.

2568 **Mangou** 646-? *Dirhem* fr. à **Tiflis** an 658 Br. Mus. VI pl. I n. 3 Beau et rare.

2569 — *Demi Dirhem* fr. à **Nimroz** et Même pièce fr. à **Herat** 2 ps. t.b.c. rare.

2570 **Dalbeg** 814-? *Demi Dirhem*, manque au Br. Mus. m.m 19 b.c. Rare.

XXXVII. Khans de la Horde d'Or.

2571 **Mangou Timour** 664-679 = a.d. 1266-1280. *Demi Dirhem* fr. à **Bokhara** au 677 ⚹ de deux côtés, troué, m.m. 22 b.c. Rare.

2572 **Touda Mangou** 619-686, *Demi Dirhem* fr. à **Kharism** an 686, lég. dans un carré perlé. Br. Mus. VI pl. VI n. 356 t.b.c.

2573—2574 **Toktou** 689-712 Même pièce, même type an 701, Même pièce de 691 type et légende comme Br. Mus. 357 mais carré des deux côtés t.b.c.

2575—2576 **Jani Beg**. Même pièce fr. à **Gulistan** an 747 Br. Mus. VI. n. 414 troué. 2576 Même pièce fr. à **Kharism** an 745 Br. Mus VI 388 2 fr. t.b.c.

2577—2578 **Berdi Beg** Même pièce trouée, fr. à **Kharism** an 759 a.b.c. et Même pièce **d'Uzbeg Kahn** t.b.c. avec petit trou.

2579 **Koutloug Khoja** 764. Deux monnaies variées droit à légende autour d'un cercle, fr. à **Ghaznah** an 746 m.m. 14 et 16 t.b.c.

XXXVIII. Khans de la Horde blanche.

2580 **Chimtai**. Monnaie trouée fr. à **Kharism** an 746. Manque au Br. Mus. m.m. 18 a.b.c. Rare.

2581 **Uros**. Monnaie fr. à **Kharism** an 773 droit lég. dans un carré. Belle et rare.

2582 **Toktamish**, Même pièce an 787 t.b.c. rare.

XXXIX. Les Djagataï Mongoles.

2583 **Algu** 659-664 = a.d. 1266-1270 *Fels* fr. à **Bokhara** an 660, manque au Br. Mus. m.m. 40. Ae. t.b.c. Rare.

2584 **Kebak Khan** 709? Monnaie fr. à **Bokhara** an 723 et 724 (troué). m.m. 19, 2 ps. rares t.b.c.

2585 **Termasherin** 722? Trois monnaies fr. à **Otrar** an 733(2) et 734. 3 ps. rares b.c.

2586 **Yisun Timour** *Dirhem* fr. à **Samarkand** an 740 légende dans des cartouches lobés; m.m. 29, gr. 7.5 a.b.c. Rare.

2587 **Khalil Timour** *Dirhem* fr. à **Bokhara** an 744, manque au Br. Mus. t.b.c. Fort rare.
Voir la reproduction.

2588 **Kazan** 744-747 *Dirhem* fr. à **Bokhara** an 746 droit dans un cercle. Rev. dans un cartouche lobé accosté de légende et d'un grènetis. — m.m. 30 gr. 8 t.b.c. Fort rare.

2589 **Buyan Kuli** 749-763 *Dirhem* fr. à **Samarkand** an 573 au titre de *Nasir uddin*, Manque au Br. Mus. t.b.c. m.m. 32. gr. 7.9 Rare.

2590 — *Dirhem* fr. à **Kashan** an 754 au même type, m.m. 32, gr. 7.9 t.b.c. Rare.

2591 — *Dirhem* fr. à **Kash** an 754? le droit dans un cartouche à quatre lobes, m.m. 31 gr. 8 t.b.c. Rare.

2592 — *Dirhem* fr. à **Bokhara**, même type, m.m. 32 t.b.c. Rare.

2593 — *Dirhem* fr. à **Otrar,** même type, m.m. 32 t.b.c. Rare.

2594 **Le Fils de Buyan Kuli.** *Dirhem* fr. à **Samarkand** an 753 m.m. 31, b.c. fort rare.

2595 **Buyan Yildoz.** *Dirhem* fr. à **Bokhara,** le droit dans un cartouche à huit et revers à dix lobes m.m. 32 t.b.c. Rare.

XL. Les Mongoles de La Perse A. Les Ilkhans.

2596 **Houlagou** 654-663 = a.d. 1256-1265. *Mohur* an 658 m.m. 28, gr. 5, manque au Br. Mus. Superbe et rare.
Voir la reproduction.

2597 — *Demi Dirhem* fr. au nom de **Mangou** comme suzerain. Br. Mus. VI. pl. I 38. gr. 29 t.b.c.

2598 — $^1/_2$ *Dirhem* pareil, Br. Mus. VI n. 9 t.b.c.

2599 **Houlagou** 1/2 *Dirhem* pareil, au titre de *Khoubilai Khan.* Br. Mus. IV n. 16 t.b.c.

2600 — *Fels* au même type, manque au Br. Mus. m.m. 28 et n. 2600*a Fels* buste à g. devant étoile, le tout dans un carré perlé m.m. 24 2 ps. Ae. t.b.c. rare.

2601 **Abaka** 663-680 *Mohur* an 677 manque au Br. Mus. Or m.m. 25 gr. 3.9. Beau et rare.

2602 — *Demi Dirhem* fr. à **Tabriz** an 678 b.c. troué n. 2602*a Demi Dirhem* deux variétés de Br. Mus. VI n. 51 t.b.c. 3 ps.

2603 — *Fels.* Br. Mus. VI n. 58 t.b.c. et n. 2603*a Fels* à figure assise les jambes croisées fr. à **Mossoul** a.b.c. (troué) 2 ps.

2604 **Ahmed** 680-683 *Demi Dirhem* fr. à **Tabriz** an 681. Manque au Br. Mus. m.m. 22. Beau et rare.

2605 **Arghun** 683-690 *Mohur* manque au Br. Mus. Or. m.m. 13 gr. 4.3. Beau et rare.

2606 — *Demi Dirhem* fr. à **Bagdad** an 684 Br. Mus. VI n. 60 t.b.c. et même pièce 68? t.b.c. 2 ps.

2607· — Même pièce fr. à **Tabriz** an 688 paon surmonté d'un soleil. Br. Mus. II pl. II n. 75. Beau.

2608 — Même pièce, fr. à **Isfarain** t.b.c. rare.

2609 — *Fels* fr. à **Bagdad** Br. Mus. n. 83 Ae. b.c.

2610 **Ghaikathou** 690-694 *Demi Dirhem* fr. à **Tabriz** au titre „*Arinchin Turji*" 2 variétés. Br. Mus. VI. pl. II n. 85 t.b.c.

2611 — *Demi Dirhem* fr. à **Bagdad** an 602 au même titre 2 variétés t.b.c.

2612 **Ghazan Mahmoud** 694-703 *Demi Dirhem* fr. à **Mossoul** an 698 légende du droit dans un catouche pentagone, troué. Br. Mus. VI pl. III n. 101. b.c.

2613 — *Demi Dirhem* pareil an 700 beau, Y ajouté *Fels* type n. 96 Ae. a.b.c.

2614 **Ouljaitou** *Dirhem* fr. à **Kashan** an 710 type de Br. Mus. VI pl. II n. 147 m.m. 15 t.b.c.

2615 — *Dirhem* fr. à Kashan 710 autre type, droit double cercle, rev. cartouche à 4 lobes, type Br. Mus. VI n. 136 t.b.c.

2616 — *Dirhem,* autre type droit cercle, rev. cartouche à 4 lobes Br. Mus. n. 133 t.b.c.

2617 — Même pièce fr. **Irbil** ou **Amal** an 713 cartouche à huit lobes de deux côtés. t.b.c.

2618 — *Fels*, droit légende en losange, au revers dans un carré
t.b.c.

2619 **Abou Saïd** 716-736 *Mohur* fr. à **Bagdad** an 717 légende
dans un cartouche à six lobes des deux cotés, type. Br. Mus.
pl. IV no. 175 Or. gr. 8.3 Beau.

2620 — *Demi Dirhem* fr. à **Simnan** an 730, droit cartouche à huit
lobes, rev. cercle avec huit lobes rentrant, légende aussi dans
les lobes. Type Br. Mus. VI pl. IV n. 230 t.b.c.

2621 — *Demi Dirhem* bilingue fr. à **Bagdad** an 733. Br. Mus. pl.
IV n. 240.

2622 — *Dirhem* fr. **Basrah**, légende dans un cartouche carré et
lobé, m.m. 24 t.b.c.

2623 — *Demi Dirhem* fr. à **Bagdad** m.m. 23, légende dans un
cartouche pentagone t.b.c.

2624 — *Dirhem* fr. à **El Wand** an 33 (Ihkhaniya), cercle lobé,
m.m. 23 t.b.c.

2625 — *Demi Dirhem* fr. à **Shustar**, légende dans un double cartouche à huit lobes; m.m. 21 t.b.c.

2626—2628 — *Demi Dirhem* fr. à **Basrah**, même type, n. 2627 *Demi
Dirhem* fr. à **Tabriz** et n. 2628 *Fels* sans atelier 2 ps. Ar. et
une Ae. t.b.c.

2629 **Mohammed** 736-738 *Demi Dirhem* bilingue an 737 fr. à
Tabriz, manque au Br. Mus. Beau et rare.

2630—2631 — *Demi Dirhem* de 738 fr. à **Sultania** et n. 2631
même date fr. à **Bagdad** t.b.c.

2632 **Jehan Timour** 739. *Demi Dirhem* sans date m.m. 17 t.b.c. Rare.

2633 **Sati Beg** 739 *Demi Dirhem* fr. à **Boulgar**. Br. Mus. VI n. 301
et même pièce avec date 739, 2 ps. t.b.c. Rares.

2634 **Suleiman** 740? *Demi Dirhem* fr. à **Hamadan** an 740, légende
en double cercle et cartouche à quatre lobes, 2 variétés t.b.c.

2635 — *Demi Dirhem* fr. à **Sivas** an 751 et 752 cartouche à six
lobes. Br. Mus. VI n. 338 2 ps. t.b.c.

XLI. Mozzhafférides.

2636 **Schah Schuja** 788-789 = a.d. 1386-1387 *Demi Dirhem*
fr. à **Idedj** Br. Mus. VI n. 677 avec titre „*Sultan el Mouta*"
b.c.

2637 **Mohammed** *Demi Dirhem* fr. à **Idedj,**   b.c.

2638 **Zain ul Abidin,** *Demi Dirhem* fr. à **Kashan** losange au centre, manque au Br. Mus. b.c. Rare.

2639 — *Demi Dirhem* même type fr. à **Schîraz** et même pièce fr. à **Aberkouh** 2 ps. t.b.c. et rares.

XLII. Djelarïrides.

2640 **Sultan Hosein** 736-757 *Demi Dirhem* fr. à **Bagdad,** Br. Mus. VI n. 607 b.c.

2641 **Sheik Owais** 757-776 *Demi Dirhem* fr. à Bagdad, légende dans un carré et au revers cartouche à huit lobes t.b.c.

2642 **Sultan Ahmed** 784-787 *Demi Dirhem* fr. à **Tabriz** deux variétés t b.c.

XLIII. Timourides.

2643 **Timour** (Tamerlan) 771-807, *Demi Dirhem* fr. à **Samarkand,** an 790 et 791 au nom du suzerain **Mahmoud,** 2 pièces var. de Br. Mus. VII pl. I n. 19 t.b.c.

2644 — *Dirhem* fr. à **Kallah** au nom de **Mahmoud,** m.m. 21, gr. 6,2, t.b.c. Rare.

2645 — *Dirhem* fr. à **Kallah,** dans un cartouche à cinq lobes trois annelets posés ⚬⚬, dans les lobes légende. Rev. lég. dans un carré, Br. Mus. VII pl. I n· 36 t.b.c. Rare.

2646 — *Demi Dirhem* fr. à **Serai Jadidah** en 783 au nom du suzerain **Siyourgatmish** et titre *Sultan al adil,* troué b.c. Rare.

2647 — Trois *Demi Dirhem's* variés, même nom fr. à **Shahgan** 783, **Kur Akram** 784 (troué) et **Kirman** 789. 3 ps. t.b.c.

2648 — Mêmes pièces fr. à **Shahgan** et **Aberkouh** an 789 2 ps. t.b.c. et b.c.

2649 — Mêmes pièces, fr. à **Gazerun** 782 et à **Isfahan** 2 ps. Rares.

2650 — Mêmes pièces fr. à **Shamakhi** a.b.c. et à **Tabriz** avec „*Khalada allahu milkiyat ahu*". Br. Mus. VII pl. I n. 13 t.b.c.

2651 — *Dirhem* fr. à **Herat,** légende dans un carré. Manque au Br. Mus. type Br. Mus. VII pl. II 58 b.c. Rare.

2652 **Timour** *Demis Dirhems* fr. à **Samarkand** 784 et à **Shiraz** avec triangle dans un cercle; type inconnu, 3 ps. b.c .rares.

2653 — *Deux Fels* fr. à **Samarkand** l'un avec trois annelets dans un cartouche triangulaire el l'autre au titre „*Mahmoud Khakan ul adil Sultan al Mouazzim.* 2 ps. inédites, m.m. 25 **Ae.** b.c. Rares.

2654 **Schah Rukh** 807-850 *Dirhem* de 819 fr. à **Herat**, Revue Belge 1856 pl. II n. 15 m.m. 25 b.c. deux très petits trous, Rare.

2655 — *Dirhem* de 828 fr. à **Simnan**, même type ébréché, m.m 24 b.c.

2656 — Petite monnaie fr. a **Astrabad** an 836? Manque au Br. Mus. t.b.c. Rare.

2657 — *Dirhem* fr. à **Astrabad** type de Br. Mus. VII pl. II n. 67 gr. 5.1 t.b.c.
Voir la reproduction du droit.

2658 — *Dirhem* fr. à **Isfahan** an 829, légende dans un carré lobé, date dans un cercle lobé; m.m. 24 b.c. Rare.

2659 — *Dirhem* de 830 fr. à **Kum**, même type a.b.c. Rare.

2660 — *Dirhem* de 832 fr. à **Kazwin** et de 842 fr. à **Kharism**, type du n. 2650 2 p.s. b.c.

2661 — *Dirhem* au même type fr. à **Samarkand** et *Dirhem* an 84? . avec le nom de l'atelier dans un cartouche à huit lobes fr. à **Sultaniyeh**, comp. Br. Mus. VII. pl. II n. 78 a.b.c.

2662 — *Demi Dirhem* fr. à **Sawa** légende dans un cercle, nom dans un cercle lobé, m.m. 19 b.c.

2663 — *Fels* fr. à **Balkh** an 812, la date et l'atelier dans des petits cercles. — et *Fels* curieux du même atelier au revers cinq compartiments carrés. Ae. 2 ps. b.c. Rares.

2664 **Abou Said** 855-872 *Dirhem* type de Br. Mus. VII pl. III 132. m.m. 26 b.c. Rare.

2665 **Ahmed** 872-899 *Dirhem* fr. à **Bokhara** Br. Mus. VII pl. III 116 m.m. 26 t.b.c.

2666 — *Deux Dirhems* pareils fr. à **Samarkand** Br. Mus. pl. III 116, avec légende dan un carré orné; t.b.c et b.c.

2667 — *Dirhem* fr. à **Balkh**, légende dans un carré avec le titre „*Darwesh*" m.m. 29 gr. 4,6 t.b.c. Manque au Br. Mus. Rare.

2668 **Hosain Baikara**. Gouverneur à **Khorasan** 873-919 *Dirhem* fr. à **Astrabad** an 895, droit légende dans un carré lobé, Rev. type des revers pl. III n. 123 nom de l'atelier dans un losange. M.m. 25 b. c. Rare.

2669 — *Dirhem* même type an 896 t.b.c. Rare.

2670 — *Dirhem* fr. à **Nishapour**, type de Br. Mus. VII, pl. III, n. 123, nom de l'atelier dans un losange, avec oeuillet. Rare.

2671 — *Dirhem* fr. à **Merw**, type Br. Mus. VII pl. III 123, Beau.

2672 — *Dirhem* fr. à **Hérat**, Br. Mus. pl. III n. 123 t.b.c.

2673 — *Dirhem* pareil fr. à **Asterabad** Br. Mus. n. 126. 2 ps. légèrement variées, une avec la date 896 b.c. ; l'autre avec petit trou.

2674 **Sultan Ali** *Dirhem* fr. à **Samarkand**, droit légende dans un carré, comp. Br. Mus. n. 118 m.m. 24, t.b.c.

2675 — *Dirhem* fr. à **Bokhara** Br. Mus. VII pl. III n. 118 avec contremarque en forme de coeur علينا علي t.b.c. Rare.

XLIV. Scheibanides de Bokhara.

2676 **Mohammed** 907-916 *Dirhem* fr. **Herat** an 914 Br. Mus. VII, n. 136 t.b.c.

2677 — *Dirhem* pareil, deux pièces de même date légèrement variées b.c. et t.b.c.

2678 — *Dirhem* pareil fr. à **Balkh**, b.c. Rare.

2679 **Koch Kounji** 916-917 *Dirhem* fr. à **Hissar** variété de Br. Mus. VII pl. IV n. 140 t.b.c.

2680 — *Dirhem* pareil fr. à **Bokhara** type Br. Mus. n. 140t. b.c. Rare.

2681 **Abou Saïd** 937-940 *Dirhem* fr. à **Bokhara** an 940, nom de atelier dans une cartouche ovale à huit lobes, avec oeuillet, b.c.

2682 — *Dirhem*, droit cercle entouré de trois cartouches, au revers cartouche pentagonal irrégulier. Manque au Br. Mus. b.c. Rare.

2683 — *Dirhem* pareil le nom dans un cartouche octogonal b.c. Rare.

2684 **Obeydullah** 940-946 *Dirhem*, manque au Br. Mus. droit cartouche à huit compartiments. Rev. légende dans un carré. b.c. Rare.

2685 **Abdul Latif** 947-959 *Dirhem* fr. à **Samarkand**, type pl. IV.
n. 140 t.b.c.

2686 — *Deux Dirhems* de type varié, l'un fr. à **Balkh**, l'autre à
Hissar avec oeuillet; 2 ps. b.c.

2687 **Nauroz Ahmed** 959-969 *Dirhem* fr. à **Balkh**, légende dans
une carré cantonné de huit compartiments à légende Rev.
rempli de légende au centre cartouche à huit lobes au nom.
Manque au Br. Mus. b.c. rare.

2688 **Iskander** 968-991 *Dirhem* fr. à **Balkh** an 980, le nom dans
un cartouche et au revers dans un cartouche octogonal, contremarqué par Akbar avec علل اكبب٩ ٨ ᴘ⹂ (*adli Akbar* 984)
t.b.c. Rare.

2689 — *Dirhem* fr. à **Balkh** le revers comme Br. Mus. VII pl. IV
, n. 147, légende comme n. 145 b.c. —

2690 — *Dirhem* pareil fr. à **Samarkand**, an 980 avec contremarque
carré ٩ ٨ ᴘ⹂عدلالل (*adli Kaboul* 984) t.b.c. rare.

2691 — *Dirhem* fr. à **Taschkend**; légende dans un cercle à trois
lobes et au revers cercle. Atelier inconnu t.b.c. Rare.

2692 — *Dirhem* fr. à **Bokhara**, le nom dans un cartouche très grand,
type inconnu, t.b.c.

2693 — *Dirhem* an 979, droit dans un carré et revers dans un
double cercle, type inconnu, petit trou au bord. t.b.c.

2694 — *Dirhem* nom dans un cercle lobé, revers carré avec lobes
sur les coins, cantonné de légendes, t.b.c.

2695 — *Dirhem* type inconnu, légende dans des cartouches lobés
entourés d'un grènetis et cantonnés de légendes t.b.c. Rare.

2696 **Abdoullah II** 991-1006 *Dirhem* fr. à **Bokhara** an 999 le
nom dans un losange, le texte dans un cercle, t.b.c.

2697 — *Dirhem* fr. à **Bokhara**, type Br. Mus. VII pl. IV n. 149
sans date t.b.c.

2698 **Pir Mohammed II** 1007 *Dirhem* sans atelier, an 1007?
Br. Mus. VII n. 165, t.b.c.

2699 — *Dirhem* fr. à **Balkh** deux variétés inconnus sans date, l'une
avec cartouches triangulaires, l'autre avec cercle et cartouche
octogone. 2 ps. t.b.c. et rares.

XLV. Les Koyounlis (Turkomans).

2700 **Kara Koyounlo. Jehan Schah** 841-872 *Dirhem* épais fr. à **Kashan**. Br. Mus. VIII pl. I n. 8 t.b.c. et rare.

2701 **Ak Koyounlo** 884-887 **Yakoub** *Dirhem* avec contremarque triangulaire au droit et carré au revers, sur une monnaie de Souleiman, m.m. 20 gr. 5 t.b.c.
Voir la reproduction.

2702 — *Dirhem* de l'an 891 type Br. Mus. VIII pl. I n. 28 m.m. 30 gr. 4.6 t.b.c.

2703 — *Deux Dirhems* pareils, légèrement variés, l'un contremarqué t.b.c.

2704 **Rustam** 897-902 *Trois Dirhems* de types variés, texte en cartouche à huit ou à quatre lobes, ou avec revers dans un carré, 3 ps. b.c.

2705 — *Dirhem*, légende dans un cartouche à trois lobes surfrappé sur une monnaie hindoue et *Dirhem* avec contremarque de deux côtés frappés sur un *Dirhem* de **Shah Ruck**, voir Br. Mus. pl. I n. 33 et 36 2 ps. b.c. Rares.

2706 **Ahmed** 902-903 *Dirhem*, droit deux carrés superposès et au revers carré lobé, t.b.c.

XLVI. Les Janides d'Astrakan (Scheibanides)

2707 **Aboul Faiz** 1117-1160 *Dinar* de 1125 manque au Br. Mus. M.m. 20 Or. gr. 4.75 t.b.c. avec trace d'oeuillet Rare.
Voir la reproduction.

2708 — *Dinar* sans date Br. Mus. VII pl. V n. 171 M.m. 25 Or. gr. 4.6 Beau et rare.

2709 **Abdul Momin** 1160-1164 *Dinar* sans date ni atelier, Br. Mus. Additions 1890 pl. XXXII n. 171^m m.m. 25 Or. gr. 4.65 t.b.c. avec trace d'oeuillet Rare.

2710 **Abdul Ghazi** 1171-1200 *Dinar* an 1194 manque au Br. Mus. m.m. 19 Or. gr. 4.7 Beau et Rare, pièce epaise.
Voir la reproduction.

2711 — *Dinar* sans date autre type. Mm. 25 gr. 4.6 Or. Beau et rare.
Voir la reproduction.

XLVII. Les Manguites de Boukhara.

2712 **Haidar** 1215-1242 *Dinar Masoumi* fr. à **Bokhara** an 1235,
au droit ١٢٣٤ et au revers ١٢٣٥ comparez Br. Mus. VII
pl. V n. 179 Or. Beau Rare.

2713 — *Demi Roupie* an 1222 avec titre *Amir ul Mominin*, m.m.
12, t.b.c.

2714 **Nasr Allah** 1242-1277 *Dinar Masoumi* **Bokhara** an 1273
type de pl. V n. 188. Or. Beau.

2715 — *Demi Roupie* an 1244. Br. Mus. VII pl. V n. 212 et même
pièce de 1278 manque au Br. Mus. 2 ps. Rares t.b.c.

2716 **Mozaffer eddin** depuis 1277 *Dinar Masoumi* fr. à **Bokhara**
an 1289 Br. Mus. VII n. 213. Or. Beau.

2717 — *Fels* de 1284, même atelier. Ae. b.c.

***

XLVIII. Khans de Khiwa.

2718 **Mohammed Rahim** 1221-1241 *Dinar* de 1238? droit dans un
cercle, revers dans un octagonal. Manque au Br. Mus. Or.
t.b.c. Rare.

2719 **Mohammed Amin** 1261-1271 *Demi Dinar* an 1270. Droit
dans un octagonal orné. Rev. dans un cartouche orné en forme
de coeur. Manque au Br. Mus. Beau et rare.
Voir la reproduction.

2720 **Seyid Mohammed** 1272-1282 *Demi Roupie* de **Kharism** an
1281 *Demi Dirhem* de 1273? 2 pièces manquant au Br. Mus.
t.b.c.

***

XLIX. Khans de Khokand.

2721 **Khoudayar** 1261-1280 *Dinar* fr. à **Khokand** an 1266.
Manque au Br. Mus. — Or Beau.
Voir la reproduction.

2722 — *Demi Dirhem* an 1272, type manquant au Br. Mus t.b.c.

2723 **Malla** 1273-1280 *Dinar* de 1278 fr. à **Bokhara** bordure
ornamentée, avec trace d'oeuillet. Manque au Br. Mus. t.b.c.
Rare.

2724 — ¼ *Roupie* de 1274. gr. 2.8 t.b.c.

2725 **Seyid Sultan** *Dinar* de l'an 1280 fr. à **Khokand** Br. Mus.
VI pl. V n. 238 t.b.c. avec trace d'oeuillet. Rare.

2726 — *Demi Dirhem* de 1281 t.b.c.

2727 **Faulad Khan** 1292 ¼ *Roupie* de 1292 fr. à **Bokhara**.
bordure de tiges de fleurs. Manque au Br. Mus. m.m. 19 gr. 2.9
t.b.c. Rare.

L. L' Atalik Ghazi de Kaschgar.

2728 **IJakoub Beg** 1282-1294 = a.d. 1865-1877 *Dinar* de 1293
fr. à **Kaschgar** var. de Br. Mus. VII pl. V. n. 244 Or.
Beau et Rare.

2729 — *Demi Dirhem* de 1290. Beau.
Voir la reproduction.

2730 — *Demie Roupie* de 1295, légende bilingue, chinoise et
arabe. Belle.
Voir la réproduction.

> Ces deux pièces sont des plus intéressantes au point de vue de la civili-
> sation de l' Asie Centrale. Le nom d' Abdel Aziz prouve que la
> résurrection contre la Chine fut approuvée par le Sultan Ottoman.

2731 **Domination Chinoise,** Misqual de 1310 légende chinoise et
perse, m.m. 22 gr. 7 b.c.

2732 — *Roupie* pareille. Belle.

LI. Les Schahs de La Perse A. Séfides.

2733 **Ismaël I** 907-930 = a.d. 1502-1524. *Dirhem* fr. à **Nakchiwan**
an 9? 8, légende dans un carré avec losange au centre. Manque
au Br. Mus. gr. 9.3 m.m. 23 t.b.c. Rare.

2734 — *Dirhem* fr. à **Tabriz,** le nom dans un losange, le texte
dans un cercle lobé b.c.

2735 — *Dirhem* fr. à **Nimroz,** l'atelier dans un pentagone, le texte
dans un cercle entouré de quatre lobes, m.m. 24 t.b.c.

2736 — *Dirhem* pareil, sans atelier texte dans un cartouche à
huit lobes, m.m. 20 b.c.

2737 **Tahmasp I** 930-984 *Dirhem* fr. à **Herat** atelier dans un
cartouche losange, texte dans un cartouche hexagonal, t.b.c.

2738 **Tahmasp I** *Demi Dirhem* fr. à **Herat**, nom dans un cartouche en forme de coeur, texte dans un losange à double ligne, type Brit. Mus. pl. I 2 b. m.m. 20 gr. 2.9 t.b.c.

2739 — *Demi Dirhem* fr. à **Meshed** au titre *Imam Reza* m.m. 20 a.b.c. Rare.

2740 — Même pièce, fr. à **Nimroz**, texte dans un losange à double ligne, type pl. I n. 26 b.c.

2741 — *Dirhem* fr. à **Herat**, atelier dans un cartouche hexagone, texte dans un losange à quatre lobes. M. m. 25 t.b.c.

2742 — *Dirhem* épais, texte koufique dans un carré, au titre „*Amir al Hadi*" m.m. 20 t.b.c.

2743 **Mohammed Khoudabanda** 985-996 *Roupie* fr. à **Jafarabad**, cercle et losange lobé. Manque au Br. Mus. m.m. 24 t.b.c. Rare.

2744 **Abbas I** 996—1038 *Demi Roupie* fr. à **Darfour**, nom dans un cercle, au revers dans un double cercle, m.m. 20 Manque au Br. Mus. Belle et rare.

2745 — *Roupie* an 1037. Manque au Br. Mus. m.m. 22. Belle et rare.

2746 — *Roupie* sans nom ni lieu, m.m. 26 t.b.c. avec trace d'oeuillet et petit trou et *Roupie* pareille m.m. 28, belle avec petit trou.

2747 **Abbas II** 1052-1077 *Roupie* fr. à **Tabriz** an 1059 type de Br. Mus. pl. II n. 16 t.b.c. petit trou.

2748 — *Roupie* fr. à **Tabriz** 1058, type pl. II n. 36 m.m. 22 gr. 7.3 Belle et rare.

2749 — *Roupie* fr. à **Isfahan**, tout autre type, manque au Br. Mus. gr. 5.5 Belle et rare.
Voir la reproduction.

2750 **Suleiman I** 1077-1105 *Pièce de cinq Roupies* fr. à **Isfahan**. Br. Mus.pl. II n. 57 m.m. 43 gr. 35.5 avec traces d'oeuillets, troué b.c. Rare.

2751 — *Roupie* fr. à **Ganja** Br. Mus. n. 51 t.b.c.

2752 **Hosein** 1105-1135 *Roupie* fr. à **Isfahan** an 1125 inscr: „*Shah i Wilayet Bandah Hosain*" Belle.

2753 — *Deux Roupies* pareilles de 1130 et 1131 t.b.c. et a.b.c. trouées. 2 ps.

2754 — *Quart de Roupie* fr. à **Meshed** an 1131, Belle et rare, trouée. gr. 1.3. *Roupie* du même atelier et même date, a.b.c. avec trace d'oeuillet. 2 ps.

2755 Tahmasp II 1135-1144 *Roupie* fr. à **Tabriz** an 1135 avec trace d'oeuillet. *Roupie* fr. à **Isfahan** an 1142 avec deux trous, les deux du type Br. Mus. pl. V. n. 46 2 ps. a.b.c. et b.c.

2756 — *Roupie* fr. à **Meshed** an 1134, type manquant au Br. Mus, Belle et rare.
Voir la reproduction du droit.

LII. Schahs de la Perse B. (Afghans).

2757 **Mahmoud** 1135-1137 *Roupie* fr. à **Isfahan** an 1134, type manquant au Br. Mus. b.c. avec oeuillet.

2758 **Aschraf** 1137—1142 *Roupi* fr. à **Isfahan** an 1137, var. de Br. Mus. pl. VI n. 201, avec couplet. Superbe et rare.

2759 — *Roupie* fr. à **Isfahan** an 1138, variété de Br. Mus. pl. VI n. 203 t.b.c.

LIII. Schahs de la Perse (Séfides).

2760 — **Abbas III** 1144-1148. *Roupie* de **Meshed** an 1144, type de Br. Mus. fl. VII 213, m.m. 29 avec trace d'oeuillet, b.c.

2761 — *Roupie* de 1144 fr. à **Ganja** a.b.c.

LIV. Schahs de la Perse C. (Esfharides.)

2762 **Nadir** 1148-1160, *Roupie* avec chronogramme fr. à **Herat** 1148, type de Br. Mus. pl. VII n. 221 m.m. 25 b.c. troué. Rare.

2763 — *Roupie* fr. à **Meshed** an 1148, le chronogr. dans un cercle, contremarquée par **Shah Rukh** a.b.c. Rare.

2764 — *Roupie* commen. 2762 fr. à **Meshed** an 1149. Br. Mus. n. 223, m.m. 24 gr. 4.9 b.c. troué et *Roupie* épaise fr. à **Tabriz** 1150 m.m. 23 gr. 11.5 t.b.c.

2765 — *Roupie* fr. à **Kandahar** an 1150, Br. Mus. pl. VII n. 229 mais sans grènetis, m.m. 20 gr. 6.7 t.b.c. et rare.

2766 — *Double Roupie* fr. à **Meshed** 1151 avec contremarque, et titre „*Sharez*" type de Br. Mus. pl. VII n. 229, le droit sans grènetis. m.m. 30 gr. 23 t.b.c. Rare.
Voir la reproduction.

2767 — *Roupie* épaise, même date et atelier, sans grènetis. m.m. 20 gr. 7 t.b.c.

2768 — *Demi? Mohur*, même type, fr. à Isfahan an 1151. Or. gr. 3.5 Beau.

2769 — *Double Roupie* fr. à **Nadirabad** 1151 gr. 22.8 Br. Mus. pl. VII n. 247 b.c. Rare.

2770—2771 — *Roupie* fr. à **Isfahan** an 1152 type Br. Mus. pl. VII n. 218 t.b.c. et n. 2771 *Roupie* fr. à **Meshed** même date t.b.c.

2772 — 1/8 *Roupie* fr. à **Meshed** an 1152. gr. 1.1 t.b.c. mais trouée. Rare.

2773 — *Double Roupie* fr. à **Meshed** 1153, type du no. 2766 t.b.c. rare.

2774 — *Roupie* fr. à **Kaboul** an 1157, manque au Br. Mus. m.m. 25 m.m. gr. 11.4 Belle et rare.

2775—2776 — *Roupie* fr. à **Meshed** Br. Mus. n. 245 sans date m.m. 23 t.b.c. n. 2776 *Demie Roupie* même atelier type pl. VII n. 247 m.m. 19 gr. 6.9 Belle.

2277 — *Demi Roupie* même type fr. à **Tabriz**, m.m. 17 gr. 7 belle; et *Roupie* fr. à **Herat** au nom de son fils *Shah Rukh*, Manque au Br. Mus. mm. 21 b.c., rare.

2778 — *Roupie* fr. à **Delhi** 1151. Br. Mus. pl. VII n. 252 m.m. 22 gr. 11.5 t.b.c. Rare.
Cette Roupie de Delhi et les monnaies suivantes sont frappées aux Indes après la conquête des Indes par Nadir Shah, et ont un grand intérèt historique.

2779 — *Roupie* épaise fr. à **Delhi** an 1152, type ordinaire t.b.c. rare.

2780 — *Double Roupie* fr. à **Peschawar** an 1151 m.m. 25 gr. 23 t.b.c. fort rare, et *Roupie* de 1251 type ordinaire m.m. 22 gr. 11.2 b.c. 2 ps.

2781 — *Demie Roupie* fr. à **Ahmedabad** an 1152 m.m. 20 gr. 5.8 Superbe **Unique.**

2782 — *Roupie* fr. à **Lahore** an 1152, grènetis dans un double cercle de deux côtés. m.m. 25 gr. 11.5 Belle **Unique.**

2783—2784 — *Roupie* fr. à **Bhakkar** an 1154, m.m. 21 gr. 11 5 et n. 2784 *Roupie* de 1154 fr. à **Derah Fateh** an 1154, la date dans un petit médaillon. m.m. 23 gr. 11.4 2 ps. rares t.b.c.
La ville de Fatah est inondée par la rivière de l'Indus.

Le n. 2778 est frappée avant et le n. 2779 après le carnage de Delhi.

2785 — *Roupie* fr. à **Sind**, type Br. Mus. pl. VII 263, m.m. 20 gr. 11.5, rare et *Roupie* au petit medaillon même atelier 18, m.m., 20 gr. 11.4 2 ps. t.b.c.

2786—2788 *Fels* fr. à **Bhakkar** an 1151 m.m. 23 gr. 17, n. 2787 *Fels* fr. à **Bhakkar** an 1157 m.m. 30 gr. 17, n. 2788 *Fels* fr. à **Peschawar** m.m. 20 gr. 10.2 3 pièces. Ae. t.b.c. et fort rares.

2789 **Adel Shah** 1160-1161 *Dirhem* fr. à **Isfahan** an 1160 Br. Mus. pl. VIII n. 277 avec trace d'oeuillet t.b.c. Rare.

2790 — *Roupie* fr. à **Meshed** type pl. VIII n. 277 t.b.c. Rare.

2791 **Shah Rukh** *Roupie* de 1161 fr. à **Meshed**. Br. Mus. n. 300, type au médaillon. Belle.

2792 — *Deux Roupies* de 1162 fr. à **Kirman**, l'atelier dans un médaillon et invocation, comparez Br. Mus. n. 309 légèrement variées, Belles pièces.

2793 — *Roupie* fr. à **Meshed**, type médaillon t.b.c.

2794 **Kerim Khan le Zendjide** 1363-1193 *Roupie* fr. à **Asterabad** Br. Mus. pl, X, n. 344 t.b c. avec oeuillet.

2795 — *Dirhem* fr. à **Kazvin**, autre type, le bord endommagé t.b.c.

LV. Les Schahs Perses D. Kadjarides.

2796 **Mohammed Hosain** 1163-1172 *Roupie* fr. à **Recht** an 1171, Br. Mus. 410 type de pl. XI n. 407 Belle.

2796a — *Roupie* fr. à **Mazenderan** an 1171. Br. Mus. pl. XI n. 411 t.b.c.

2797 — **Jafar le Zendjide** 1199-1203 *Roupie* de **Schiraz** an 1202, Br. Mus. n. 444 type pl. XII n. 938 t.b.c. Rare.

2798 — *Deux Roupies* fr. à **Schiraz** 1202 et 1203, légèrement variées t.b.c. Rare.

2799 **Aka Mohammed** 1193—1211 *Deux Roupies* fr. à **Schiraz** an 1208 et 1209. Br. Mus. pl. XIII n. 448 2 ps. b.c.

2800 — *Trois Roupies* fr. à **Isfahan**, Br. Mus, pl. XIII n. 454. 3 pièces variées, 2 t.b.c. et une b.c.

2801 **Fateh Ali** 1211-1250 *Dinar* fr. à **Schiraz** an 1237, manque au Br. Mus. Or. Beau.
Voir la reproduction.

2802 — *Roupie* de 1214 fr. à **Recht** m.m. 22 b.c. et *Roupie* de 1215 fr. à Teheran, type de Br. Mus. n. 496 Belle. 2 ps.

2803 — *Roupie* de 1215 fr. à **Teheran**, type de Br. Mus. pl. XIV
n. 488 m.m. 22 t.b.c. mais troué; et *Roupie* de 1222 fr. à
Recht. Br. Mus. n. 500 avec trace d'oeuillet. b.c. 2 ps.

2804 — *Roupie* de 1223 fr. à **Asterabad**, belle gravure, type de
pl. XIV n. 499 t.b.c.

2805 — *Roupie* de 1230 fr. à **Kashan**, même type t.b.c.

2806 — *Roupie* de 1232 fr. à **Kirmanschah**. Br. Mus. n. 518.
a.b.c. (deux trous) et *Roupie* de 1242 fr. à **Hamadan**. Br. Mus.
pl. XIV n. 525. t.b.c. 2 ps.

2807 — *Roupie* de 1245 fr. à **Resch**, même gravure Belle.

2808 **Mohammed Schah** 1250-1264 Touman fr. à **Meshed** au titre
de „*Shahani Anbiya*" an 1256, légende dans des doubles
cercles entourés de lobes. — Or. gr. 3.5 t.b.c.

2809 — *Demi Roupie* fr. à **Kirmanschah** trouée, a.b.c.

2810 **Nasir eddin** depuis 1264 *Roupie* de Teheran an 1299 au lion
portant épée. Belle. *Demie Roupie* de **Schiraz** vieux type
b.c. 2 ps.

2811 **Autonomes** Larin, long. 35 gr. 3.3 t.b.c.

2812 — *Fels* de 1085 fr. à **Kandahar** au lion à g. B. Mus. n. 134
m.m. 30. *Fels* de **Jelalabad** an 1088? avec plante de maïs. Ae.
2 ps. t.b.c.

2813 — $^1/_2$ *Fels* de 1108? fr. à **Kandahar**, Lion à g. surmonté du
soleil, m.m. 18. *Double Fels* de 1115 fr. à **Ispahan** au lion à dr.
surmonté du soleil, le tout dans un carré lobé. Belle
pièce m.m. 36. Ae. 2 ps.

2814 — *Fels* de **Kashan**. Lion sautant sur un cerf m.m. 23 et *Fels*
de **Balkh** aux deux épées m.m. 25. *Demi Fels* de **Aboushahr**
au lion. à dr. m.m. 16 3 ps. Ae t.b.c.

2815 — *Demi Fels* de **Kaboul** avec lég., „*zarb i Kaboul Shari*",
entourée d' arabesques, m.m. 16. *Fels* carré à deux poissons type
de pl. XXII 152 et *Fels* au paon m.m. 18. 3 ps. Ae t.b.c.

Les dynasties Afghanes.
Les Abdalis (Durranis).

2816 **Ahmed Schah**. 1160-1181 *Mohur* épais de **Delhi** an 1173,
m.m. 22 gr. 10.9. Superbe, Rare.
Les monnaies frappeès par Ahmed Schah dans les ateliers indiens sont
émises après sa conquête de L' Inde.

2817 **Ahmed Schah.** *Mohur* de grand module fr. à **Delhi** an 1173 m.m. 35 gr. 10.8 Belle et fort rare.
Voir la reproduction.

2818 — *Mohur* fr. à **Attock** an 17 (1176) m.m. 21 gr. 10.5 Belle, atelier inconnu pour les monnaies d'or, Rare.

2819 — *Mohur* fr. à **Peschawar** an 21 (1180) m.m. 21 gr. 11 Or superbe et rare.

2820 — *Roupie* fr. à **Delhi** an 15 (1174) et $^1/_8$ *Roupie* an 11, (1170) avec titre „*Durri Durran*" 2 ps., belles et rares.

2821 — *Roupie* an 1 (1160) et an 9 (1168) fr. à **Derah**, type médaillon dans un grènetis, 2 ps. belles.

2822 — *Roupie*, même type et atelier an 15 (1174) Belle.

2823 — *Roupie* fr. à **Derajat** (Derah) an 23 (1183) ⊞ comme marque monétaire. Belle et rare.

2824 — *Roupie* fr. à **Aonlah** an 14, épée comme marque t.b.c. rare.

2825 — *Roupie* fr. à **Moultan** an 1167 t.b.c.

2826 — *Roupie* fr. à **Moultan** sans date avec titre „*Durri Durran*". Rodgers 1885 pl. II n. 6 a.b.c. rare.

2827 — *Roupie* frappée à **Sarhind** an 15 (1174) b.c.

2828 — *Deux Roupies* fr. à **Peschawar** an 1170 et an 23 (1183) t.b.c. 2 ps.

2829 — *Roupie* fr. à **Attock** sans date, type Rodgers pl. II, n. 11 belle et rare.

2830 — *Roupie* fr. à **Bakkar** an 4 avec „*Durri Durran*" type Rodgers pl. II n. 6 b.c.

2831 — *Roupie* fr. à **Moradabad** an 14 et n. 2831*a* fr. à **Kaschmir** an 21 b.c. 2 ps. rares.

2832 — *Deux Roupies* fr. **Lahore** an 11 et 16 t.b.c.

2833 — *Roupie* fr. à **Tatta** sans date et n. 2833*a* fr. à **Barelli** 1173 (an 14) 2 pièces belles et rares.

2834 — *Roupie* fr. à **Ahmednagar** (Farukhabad) an 14 m.m. 30 avec oeuillet t.b.c. rare.

2835 — *Fels* fr. à **Peschawar** an 1177, à **Derah** an 3 et *demi Fels* fr. à **Kaschmir** avec deux épées se croissant an 3. 3 pièces Ae. rares.

LVI. Les Abdalis.

2836 — *Demi Fels* pareil, *Fels* fr. à **Multan** an 1170, Ae. 2 pièces rares.

> Toutes ces Monnaies 2816–2836 sont frappées aux Indes après la conquête par Ahmed Shah.

2837 — *Roupie* fr. à **Kaboul** an 3 et *Roupie* fr. à **Kaboul** an 1179 avec la légende du droit dans un cartouche lobé, type inconnu, 2 ps. rares t.b.c.

2838—2839 *Roupie* fr. à **Mesched** type médaillon, rare, et n. 2839 *Roupie* pareille fr. à **Herat**, 2 ps. t.b.c.

2840 — *Fels* fr. à **Kandahar** an 1162 rare et *Fels* sans date au titre „*Durr i Durran*" Ae. 2 ps. b.c.

2841 **Timour Schah** 1170—1187 *Mohur* de 1171 fr. à **Lahore**, comme **Nazim** (Gouverneur de Lahore sous la règne de son père). Or. Beau et rare.

2842 — **Timour Schah** comme roi 1187—1207. *Mohur* fr. à **Peshawar** an 1204 (an I∧), (comparez Longworth Dames un Mohur de 1204 avec an IV) Or. Beau.

2843 — *Deux Roupies* comme **Nazim** fr. à **Multan** en 1170 et à **Lahore** 1171 2 ps. t.b.c.

2845 — *Roupie* au couplet fr. à **Herat** an 1194, (comp. Longworth n. 22 de 1198) le revers dans un double grènetis, t.b.c. Rare.

2846 — *Deux Roupies* frs. à **Herat** an 1201 et 1211 avec titre „*Hami Urdu*", type Longworth pl. XIII n. 3. 2 ps. t.b.c.

2847 — *Deux Roupies* au même type fr. à **Kandahar** an 1203 a.b.c. et à **Kaboul** an 18, belle. 2 ps.

2848 — *Deux Roupies* fr. à **Meshed** sans date, type médaillon b.c. et fr. à **Attack** an 1198, (comp. Longworth n. 27 de 1197) Belle et rare. 2 ps.

2849 — *Deux Roupies* fr. à **Bhakhar** an 16 t.b.c. et à **Derajat** an 18 avec trace d'oeuillet, b.c. 2 ps.

2850 — *Deux Roupies* fr. à **Kaschmir** an 1208 t.b.c. et à **Sind** sans date b.c.

2851 — *Demie Roupie*, an 2 avec le nom dans une tréfeuille, inconnue t.b.c.
Voir la reproduction du droit.

2852 — *Quatre Fels* fr. à **Peshawar** an 1, à **Bhakkar** an 1194 étoile comme marque monét., rare, à **Kaschmir** an 12 et an 13. 4 ps. Ae. t.b.c.

50   **Les Dynasties Afghanes.**

2853 — *Fels* fr. à **Balkh** an 1202 avec glaive comme marque,
Pisa (*Demi Fels*) au lion à dr. fr. à **Dera Fateh** an 1203 (date
en sens inverse) sous le queue, l'atelier en monogr. et *Pisa* de
1204 aussi de **Dera Fateh** 3 ps. Ae. t.b.c.

2854 — **Zaman Schah** 1207—1216 *Mohur* de 1209 (date de l'invasion
du Punjab) fr. à **Peshawar**, revers au couplet, type inconnu,
Beau et rare.
Voir la reproduction.

2855 — *Deux Roupies* fr. à **Kaboul** au 1207 et 1208, le champ
semé de rosettes, 2 ps. Belles.

2856 — *Double Roupie* fr. à **Kaboul** an 6. Longworth n. 61 pl. XIII
n. 8 t.b.c. rare.

2857 — *Deux Roupies* fr. à **Herat** an 1214 avec titre „*Yamin wa
Yasar*" comp. Longworth n. 70 et fr. à **Kandahar** an 1213?
type Longworth pl. XIII n. 9. 2 ps. t.b.c.

2858 — *Deux Roupies* fr. à **Kaschmir** an 7, type médaillon et fr.
à **Derajat** an 8 avec feuille comme marque. Longworth n. 74
pl. XIII n. 10. 2 ps. t.b.c.

2859 — *Deux Roupies* fr. à **Derajat** an 1212 (pl. XIII n. 10) et
à *Peshawar* an 1215, revers comme n. 2857. 2 ps. t.b.c.

2860 — *Cinq Fels* fr. à **Kaschmir** an 2 b.c. et an 1211 le dernier
avec glaive t.b.c, troué mais rare, et de 1211 autre type
a.b.c., fr. à **Moulton** 1210 t.b.c. et à **Bhakkar** sans date
b.c. 5 ps. Ae.

2861 **Mahmoud** 1216-1218 et 1224-1245 *Double Mohur* fr. à
Bahawalpour an 1217, au titre de „*Mahmoud Schah*" et an 1.
Longworth no. 79. pl. XIII n. 11 Or. gr. 22.1 Superbe et
fort rare

2862 — *Mohur* du second règne, fr. à **Kaboul** an 1241 autre type,
avec monogr. et couplet au revers. Or. gr. 10.4 Beau et rare.
Voir la reproduction.

2863 — *Roupie* du premier règne, fr. à **Peshawar** an 1216 (an 1)
revers au couplet. Superbe.

2864 — *Roupie* anonyme fr. à **Kaboul** an 1239, t.b.c.
Cette roupie est vraisemblablement frappée par le Sultan des Barukzyes,
Dost Mohammed.

2865 — *Roupie* sans date fr. à **Kaboul**, avec monogr. inconnu
au revers. b.c.
Voir la reproduction du revers.

2866 — *Roupie* fr. à **Kandahar** an 1218, avec „*Ya Mahmoud*"
en haut. Belle pièce, gravure soignée.
Voir la reproduction.

2867 — *Deux Roupies*, fr. à **Kandahar** an 1229, le droit en forme de feuille et fr. à **Herat** an 1227. 2 ps. t.b.c.

2868 — *Roupie* fr. à **Peshawar** an 1221 le revers dans un octogone, voir pour le revers Longworth pl. XXII n. 13. Belle.

2869 — *Trois Roupies*, fr. à **Kaschmir** comme gouverneur an 2. medaillon type, a.b.c., comme roi an 8 t.b.c. et an 1230 belle. 3 ps.

2870 — *Deux Roupies* fr. à **Derajat** an 1220 et an 1234, type varié de Longworth pl. XIII n. 12. 2 ps. t.b.c.

2871 — *Roupie* fr. à **Derajat** 1241 tout autre type, avec branche et deux croisettes comme marques, t.b.c.

2872 — *Trois Roupies* fr. à **Bhakkar**. Une de l' an 17 avec le nom dans un cartouche en forme de feuille. Longworth n. 103 t.b.c. *Roupie* sans date même atelier, avec étoile t.b.c. et *Roupie* pareille avec feuille comme marque b.c. 3 ps.

2873 — *Roupie* fr. à **Bhakkar** an 1259 au nom de Mahmoud, (après sa mort), avec lion rampant comme marque; t.b.c.

2874 — *Fels* fr. à **Kaschmir**, atelier et an ؍ (2 du règne) dans un cartouche lobé, au rev. la date 1217 t.b.c. et *Fels* au monogr. avec date indistincte b.c. Ae. 2 ps.

2875 — *Quatre Fels* fr. à **Moultan** an 1203, 1204, 1207 avec titre „*Durri Durran*") rare et 1230 au même titre, Ae. 4 ps. b.c.

2876 — *Deux Fels*, fr. à **Peshawar** an 1231 et à **Herat** an 1227 Ae 2 ps. t.b.c.

2877 — *Fels* fr. à **Derah Fateh** an 1204 avec نتغ واج et Pisa de 1239 au lion à g. Ae. 2 ps. t.b.c.

2879 — *Fels* carré fr. à **Shikarpur** an 1255, Ae. b.c.
Ce Fels au nom de Mahmoud, fr. dix ans après sa mort, est vraisembablement émis par les Amirs de Sind.

2280 — **Schah Souja** proclamé roi à **Peshawar** avec assistance des Anglais. *Mohur* fr. à **Bahwalpour** an 1 (1218) variété de Longworth pl. XIII n. 14. Or. gr. 11 Superbe et rare.

2881 — *Mohur* fr. à **Kaboul** an 1255 (troisième règne par intervention des Anglais). Or. gr. 10.8. Belle et rare.
Voir la reproduction.

2882 — *Double Roupie* (du 1er règne) an 1, fr. à **Bahwalpour**, gr. 23; superbe et fort rare.
Voir la reproduction.

2883 — *Roupie* de 1222 (2me règne) fr. à **Bahwalpour** t.b.c.

2884 — *Roupie* de 1220 (2me règne) fr. à **Kaschmir**, revers inconnu t.b.c.
Voir la reproduction du revers.

2885 — *Deux Roupies*, fr. à **Bhakhar** an 2 et à **Peshawar** an 1222 Longworth n. 115, 2 ps. t.b.c.

2886 — *Deux Roupies* fr. à **Kandahar** an 1221 et 1251 type médaillon, 2 ps. t.b.c.

2887 — *Deux Roupies* fr. à **Kaboul** an 1255 (1er an du 3me règne) avec titre „*Durri Durran*" et *Roupie* pareille sans date 2 ps. t.b.c.

2888 — *Deux Roupies* fr. à **Kaboul,** sans date avec „*Durri Durran*" type Longworth pl. XIII n. 15 et de l'an 1256 avec la date de deux côtés. 2 ps. t.b.c.

2889 — *Quatre Fels*, fr. à **Kaschmir** an 1221 marque glaive, t.b.c. même pièce variée, a.b.c. *Fels* fr. à **Moultan** sans date, feuille comme marque b.c. et fr. à **Balkh** avec glaive comme marque a.b.c. (les deux derniers rares) Ae. 4 pièces.

2890 **Ayoub Schah** 1233-1245 *Roupie* fr. à **Kaschmir** an 1234, Longworth n. 149 au nom d'„*Azim*". Belle.

2891 — *Roupie* fr. à **Kaboul** an 1238 t.b.c.

2892 — *Deux Roupies* fr. à **Peshawar** an 1241(7) et an 11 Longworth n. 145 et 146 2 ps. t.b.c.

2893 — *Fels* fr. à **Peshawar** an 1236, atelier dans un cercle orné de lobes, entourné d'un grènetis avec titre „*Schah Ghazi*". Ae. beau et rare.

2894 — *Deux Fels* fr. à **Peshawar** an 1237 avec la date dans les cantons d'une croix et an 1230 sans atelier. 2 ps. Ae. t.b.c.

2895 **Kamran** 1245-1258 *Roupie* fr. à **Herat** an 1254 t.b.c. rare.

2896 **Fateh Yang** *Roupie* fr. à **Kaboul** an 1258, Longworth n. 155 b.c. Rare.

LXVII. Gouverneurs Durrani's à Kaschmir.

2897 **Nouruddin,** *Roupie* an 2 fr. à **Kaschmir** b.c. *Roupie* pareille an 1223 t.b.c. 2 pièces rares.

2898 — *Deux Demis Fels* fr. à **Kaschmir** de l'an 1220 et de l'an 3, Ae. 2 ps. rares t.b.c.

2899 **Kaisar Schah** 1221-1223 *Roupie* fr. à **Kaschmir** an 1222, comp. Longworth n. 133. Belle et rare.

2900 — *Roupie* pareille de 1223 (an 2) t.b.c. rare.

2901 **Kutakuddin** *Roupie* fr. à **Kaschmir** an 1230 t.b.c. rare.

Monnaies de cuivre autonomes.

2902 *Deux Fels* fr. à **Derajat** l'un avec „*Jaiz Derajat*" l'autre avec *zarb i falus i Derajat*" 2 ps. Ae. b.c.

2903 — *Fels* fr. à **Peschawar**, oiseau debout à dr. dans deux carrés superposés. Ae. t.b.c.

2904 — *Pisas* fr. **Derah Fateh** *a.* avec lion à g. dessus date 12?? „*Naij Fateh*" en monogr. *b.* avec lion à dr. 12?? et même monogr. *c.* Sans lion, même légende, branche avec tréfeuille comme marque, *d.* avec „*Schah*" au rev. *Zarb in Falus, Nay i Fateh* pas dans un monogr. *e.* autre variété. Ae. 5 ps. *a.b.c.* et *e.*t.b.c., *d.*a.b.c.

LXVIII. Les Barakzais d' Afghanistan.

Voir. **L. White King**, History and Coinage of the Barakzai Dynasty of Afghanistan. Num. Chronicle 1896.

2905 **Payindah Kahn,** *Roupie* fr. à **Kaboul** an 1245 au nom de son fils **Dhost Mohammed**. White King n. 7 pl. XV. n. 2 Belle et rare.

2906 — *Roupie* pareille an 1246, White King n. 8 t.b.c.

2907 — *Roupie* pareille an 1248, White King n. 9 t.b.c.

2908 **Dhost Mohammed.** *Tilla* ou *Mohur* fr· à **Kaboul** 1269 au titre d' „*Amir Ghazi*". White King n. 1 pl. XV n. 1. Or. Gr. 4,5 Unique.

2909 — *Deux Roupies* fr. à **Kandahar** an 1252. White King n. 4 et an 1259 frappée à **Kaboul** au nom de Schah Souja mort en 1258. White King n. 19. 2 ps. t.b.c. rares.

2910 — *Deux Roupies* fr. à **Kaboul** an 1255 avec le couplet „*Azam i Jang*" White King n. 18 (pl. XV n. 4) et de 1258 avec le vers du Koran, White King n. 13 pl. XV n. 3 2 ps. Belles.

2911 — *Deux Roupies* fr. à **Kaboul** de 1265 avec le couplet. „*Khalik i Akbar*" White King 20 pl. XV et *Roupie* sans date White King n. 64 pl. XV n. 4. 2 ps. belles.

2912 — *Roupie* fr. à **Kandahar** an 1253, l' atelier dans un cartouche lobé en forme de feuille, au revers l'invocation. Manque à l' ouvrage cité de White King. Belle.

2913 — *Deux Demies Roupies* fr. à **Kandahar** an 1273 et 1278 avec „*Khalik Akbar*" White King n. 24 et 25 pl. XV n. 7 2 ps. t.b.c.

2914 — *Roupie* fr, à **Kaboul** an 1271 au nom d' **Akbar**, feuille comme marque. White King n. 21 t.b.c.

2915 — *Roupie* fr. à **Peshawar** au nom d' **Akbar**. White King n. 23 pl. XV. n. 6 belle et rare.

2916 **Mahommed Afzal.** *Roupie* fr. à **Kaboul** an 1283. White King n. 33 pl. XV n. 11. 2 ps. belles.

2917 — *Roupie* pareille date indistinte, t.b.c.

2918 **Mahommed Azam** *Roupie* fr. à **Kaboul** an 1284 lég. entourée de lis W. K. 34 pl. XV n. 12 t.b.c.

2919 — *Demie Roupie* fr. à **Kandahar** an 1283 W. K. 35 pl. XV n. 13 Belle.

2920 **Sher Ali.** *Tilla* ou *Demi Mohur* fr. à **Kaboul** an 1295 W. K. n. 36 pl. XV no. 14 Or. Belle et rare avec trace d'oeuillet.

2921 — *Deux Roupies* fr. à **Kaboul** an 1280 et 1281, premier type au couplet. W. K. 38 et 39 pl. XV n. 15. 2 ps. t.b.c.

2922 — *Deux Roupies* fr. à **Kaboul** an 1285 second type, avec Λo W. K. n. 41 pl. XV n. 17 et avec le „*zi ilti fat*" couplet et Ι Ν Λο W. K. n. 42 pl. XVI no. 18 rare, 2 ps. t.b.c.

2923 — *Deux Roupies* fr. à **Kaboul** 1285 et 1286 avec légende tournante et Ι Ν Λ Ч W. K. n. 43 2 ps. t.b.c.

2924 — *Deux Roupies* fr. à **Kaboul** an 1293 W.K. 44 pl. XVI n. 19 avec trou rebouché et de 1294 W. K. n. 45 2 ps. t.b.c.

2925 — *Demie Roupie* fr. à **Kaboul** an 1295 W. K. n. 46 pl. XVI n. 20 belle, et *Demie Roupie* fr. à **Kandahar** an 1282 W. K. n. 40 pl. XV n. 16 b.c. et rare. 2 ps.

2926 — *Deux Demies Roupies* fr. à **Herat** an 1295, gravure variée W. K. n. 47 pl. XVI n. 21 et W. K. n. 48 2 ps. t.b.c. y ajouté *Fels* du même prince Ae. t.bc. manque à White King.

2927 **Mahmoud Yakoub** *Deux Roupies* fr. à **Kaboul** an 1296 m.m. 22 et 19. variété de gravure W. K. 49 pl. XVI n. 22 et variété inédite, belle et b.c.

2928 — *Demie Roupie* sans date fr. à **Kandahar** et *Deux Demies Roupies* variées fr· à **Herat** an 1297 avec légende „*Amir ibn i Amir ibn i Amir*" W. K. n. 50 et W. K. n. 51 pl. XVI n. 23 t.b.c. 3 ps.

2929 **Sher Ali Wali** de **Kandahar** *Roupie* de 1297 fr. a **Kandahar.** W. K. n. 52 pl. XVI n. 24 t.b.c. et rare.

Sher Ali etait gouverneur de Kandahar sous le gouvernement anglais.

2930 **Abdur Rahman**. *Deux Roupies* fr. à **Kaboul** an 1298 W. K.
n. pl. 54 XVI n. 20 et an 1300 W. K. n. 35, deux types variés
belles et rare.

2931 — *Deux Roupies* de 1305 fr. à **Kaboul**. W. K. n. 56 pl. XVI
n. 29 et de l'an 1306 fr. à **Kandahar** W. K. n. 58 pl, XVI
n. 29. deux types variés t.b.c.

2932 — *Roupie* type plus moderne au portique de Durbar à tranche
striée fr. à **Kaboul** 1308 W. K. 57 pl. XVI n. 28. Belle.

2933 — *Demie Roupie*, au portique, type varié an 1313 Belle.

2934 — *Roupie* au Durbar an 1317, au titre „*Zia ul millat*" autre
type, Belle.

2935 — *Pièce de 5 Roupies* au Durbar an 1316, m.m. 46 gr. 45.9
Belle et rare.

2936 — *Roupie* fr. à **Kandahar**, sans date, ancien type, avec deux
feuilles comme marque t.b.c.

2937 — *Roupie* fr. à **Kandahar** an 1306, 2me type. Belle.

2938 — *Roupie* fr. à **Herat** 1301 W.K. n. 60 pl. XVI n. 30 et
Demi Roupie 1303, W.K. n. 61 2 pièces à l'ancien type. t.b.c.

2939 — *Demie Roupie* de 1306 fr. à **Herat** 3me type W.K. n.
62 pl. XVI n. 31 t.b.c.

2940 — *Paisa*, type au Durbar fr. à **Kaboul** an 1309 W.K. n. 63
pl. XVI n. 32 Ae. belle.

2941 **Mahmoud Ishaq** *Roupie* fr. à **Kaboul** an 1306, au titre
„*Amir Ghazi*" W.K. n. 64 pl. XVI n. 33 t.b.c. et rare.

2942 — Même pièce, légèrement variée. Belle et rare.
     Ces monnaies sont frappées par Ishaq pendant sa révolte contre Abdur Rahman.

2943 **Habibullah** *Roupie* de 1319 = 1899 fr. à **Kabonl**, au Durbar.
Belle.

LXIX.   Monnaies anonymes des Barakzais.

2944 **Sultan Mahommed** *Roupie* de 1249 fr. à **Peshawar** avec
„*Sultani Zaman*" White King n. 27 t.b.c. rare.

2945 — *Roupie* de 1249 fr. à **Peshawar**, White King n. 28, pl.
XV, n. 8 t.b.c.

2946 **Wali Mohammed**. Roupie de 1297 (an 4) fr. à **Kaboul**
White King n. 53 pl. XVI n. 25 t.b.c.

2947 — *Roupie* pareille, légèrement variée t.b.c.

2948 **Dost Mohammed**. Roupie fr. à **Kaboul** an 1242 le droit dans un double losange lobé. White King n. 5. b.c. avec trace d'oeuillet.

2949 — *Roupie* de 1252 fr. à **Kandahar** au titre „*Amid Shahi*" White King n. 11 a.b.c.

2950 **Kohandil Khan**. *Roupie* de 1259 fr. à **Kandahar** au titre *Sahib i. Mulk.* White King n. 29, pl. XV n. 9 b.c.

2951 — *Demi Roupie* de 1270 fr. à **Kandahar** au titre *Sultan i. Hakiki Jehan* White King n. 31 pl. XV n. 10 t.b.c.

2952 — *Demi Roupie* de 1272 fr. à **Kandahar** White King n. 32 t.b.c.

LXX. Les Dynasties Mahométanes de l'Inde.

Les Patans Sultans de Delhi.
A. Les Turcs Gourides.

2953 **Mohammed ibn Sam** en convention avec **Ghiyas uddin, le Gouride** 589—602 = a.d. 1193—1205 *Dirhem* de 595 fr. à **Ghaznah** type de Br. Mus. The Coins of the Sultans of Delhi pl. I n. 3. Thomas the Pathan Kings of Delhi pl. I n. 1 t.b.c. troué rare.

2954 — *Dirhem* de 596 légende tournante en 4 cercles fr. à **Ghaznah** Br. Mus. pl. I n. 1 Thomas n. 3 t.b.c. Rare.

2955 — Même pièce, date 59 (6). Thomas n. 3. b.c. rare.

2956 — Même pièce, date 599 Thomas pl. I n. 1 t.b.c. rare.

2957 **Mohammed ibn Sam** seul. Monnaie d'or de **Kanauj** type de la déesse Lakshmi. Thomas n. 19, caractères *hindi*. Or. gr. 4.2 t.b.c.

> Kanauj fut subjugué par Mohammed bin Sam en 590.

2958 — Monnaie d'or pareille. Or. gr. 4.2 t.b.c.

2959 — *Dirhem* de 601 fr. à **Ghaznah**, lég. dans un carré à double bande. Thomas n. 4 pl. I n. 3 t.b.c. rare.

2960 — *Dirhem* pareil, légerement varié t.b.c. rare.

2961 — *Demi Fels* fr. à **Sind** au cavalier à dr. et au cavalier à g. Thomas n. 5 et 6 (pl. I n. 4 et 5) et Br. Mus. pl. I n. 9 et 10, 2 ps. Ae. t.b.c.

2962 — *Demi Fels* fr. à **Lahore**, légende perse des deux côtés, l'une marque étoile Thomas n. 8 pl. I n. 7. l'autre n. 9 pl. I n. 8 2 ps. Ae. t.b.c.

2963—2965 *Fels* fr. à **Delhi** type du taureau et du cavalier Thomas
n. 10, n. 2964 fr. à **Sind** Thomas n. 11 et n. 2965 à **Peshawar**
Thomas n. 12. 3 ps. Ae. belles.

2966—2968 — *Fels* fr. à **Gwalior** au taureau et cavalier, Thomas
n. 13. n. 2967 *Fels* au cavalier à g. Thomas pl. I n. 17 et
n. 2968 *Fels* inédit, lég. „*Mouizud dunya Wadin*" dans un
carré lobé, revers lég. dans un cartouche lobé, rare 3 ps. Ae. b.c.

2969—2972 — *Fels* inédit comme n. 2968, n. 2970 *Fels* légende
dans des cartouches à huit lobes encadrés inédit. n. 2971 *Fels*
au cavalier, rev. lég. „*Sultan ul azam*" n. 2972 *Fels* avec
„*Mouizz*" en perse en cercle rayonnant, au revers taureau, dessus
„*Sri Hamira* en *hindi*" 4 ps. rares Ae. t.b.c. et b.c.

2973—2975 *Fels* avec „*adl i. mouizz*" en cercle, inédit, n. 2974
Fels au taureau et au cavalier, variété inédite. n. 2975 *Fels*
même type, taureau à g. avec „*Sri Hamira*". 3 ps. Ae. t.b.c.

2976—2978 *Fels* fr. à **Kachwara** type du taureau et du cavalier
l'atelier inscrit sur le taureau, n. 2977 *Fels* avec *Mouizz ud
dunya wadin*" et n. 2978 *Fels* inédit même type avec „*Je lal
eddin*" sur le taureau. 3 ps. Ae. b.c. rares.

2979 **Mohammed ibn Sam et Yilduz** *Mohur* fr. à *Ghaznah* an 607
au titre „*Amir al mominin*". Manque à Thomas et au Br. Mus.
m.m. 25 gr. 9.1 t.b.c. Rare.
Voir la reproduction.

2980 — *Mohur* fr. à **Ghaznah** an 604, légende dans un carré à
l'entour grènetis. Thomas n. 20 Br. Mus. n. 8 type pl. I n. 6
m.m. 33 gr. 10.25 Or. Beau et fort rare.
Ces monnaies rares sont frappées par Yilduz au nom de son Suzerain
Mohammed ibn Sam après sa mort.

2981 — *Roupie* fr. à **Ghaznah** an 610 Thomas n. 23 au titre „*as
Sultan muizz*" gr. 8.1 t.b.c. Rare.

2982 — *Roupie* forte fr. à **Ghaznah** an 610 manque à Thomas
et au Br. Mus. m.m. 29 gr. 9.2 b.c. Rare.

2983 — Ae. Taureau a gauche et étoile. Br. Mus. n. 22 b.c.

2984 — Ae. Cavalier à dr. sous le cheval étoile, frappé dans son
propre nom. Br. Mus no. 24 pl. I n. 24 t.b.c.

2985 — Ae. Cavalier à g. avec le titre „*abdul al mallik al
Mouazzim*" Inédit b.c.

2986 — Ae. légende koufique de deux cotés *Abdul mallik Mouazzim
Iaj uddin*" Inédit. Deux pièces légèrement variées.

2987 — Ae. légende koufique *Abdul Sultan ul mouassim Jajouddin*
Rev. *as Sultan ul azim mouizz uddin ya wadin*. Inédit t.b.c.

2988 — Ae. au titre „*abdulmallik ul mouazzim Jajuddunya wadin Yilduz*" Rev. „*us Sultan al azim*" Br. Mus. pl. I. 27 t.b.c. Rare.

2989 — Ae. au titre „*as Sultan us Shahid*" Rev. „*Abdu bin al mallik.*" les légendes dans des cartouches à huit lobes. Rodgers coins supplementary to Thomas pl. IV n. 3. rare. t.b.c.

2990 — Ae. fr. à **Kirman**. Taureau à g. le corps orné de points 2 variétés inédites t.b.c.

2991 — Ae. fr. à **Kirman**, taureau à g. lég. „*Muizzud ud dunyazia*" *din abdu Yilduz* t.b.c. Inédit.

2992 **Mahmoud bin Mohammed Sam.** Ae. cavalier à dr. légende hindi Rev. légende koufique. Thomas 25 t.b.c. Rare.

2993 **Kutbuddin Aibek** 602—607 = a.d. 1206—1210 Ae. avec „*Kutubi*" dans un cercle rayonnant et taureau. Inédit. 2 pièces variées et rares.

2994 **Aram Schah** 607 = a.d. 1210 Ae. cavalier barbare à dr. Thomas n. 26 Ae. a.b.c. rare.

2995 **Shamsuddin Altamsh** 607-633 = a.d. 1210-1235 *Roupie* de l'an 632 Thomas n. 29 comp. Br. Mus. pl. II n. 36 t.b.c. rare.

2996 — *Roupie* pareille, Thomas n. 30. Br. Mus. pl. II n. 36 t.b.c. rare.

2997 — *Roupie* légende dans un carré des deux côtés. Thomas n. 31 comparez Br. Mus. pl. II n. 37 t.b.c. rare.

2998 — *Roupie*, légende dans un carré à double bande entouré d'une légende dans un double cercle, date 6.5 Br. Mus. pl. II n. 37 t.b.c. Extr. rare.

2999 — *Roupie* au roi à cheval á g. entouré d'une légende perse. Rev. légende koufique. Gibbs Num. Chronicle pl. XI. 2. Belle et extr. rare.

3000 **Shamsuddin et Riziah.** *Roupie* inédite, le droit dans un carré, le revers dans un carré à double bande. t.b.c. Extr. rare.

3001—3006 **Shamsuddin Altamsh** Suite. Ae. divers. Thomas n. 39 type taureau et cavalier, n. 3002 Thomas n. 40 de **Chahar Deva** comme dépendant **d'Altamsh**, n. 3003 Thomas n. 42 même type fr. à **Delhi**. n. 3004 Thomas n. 42 pl. I n. 16 fr. à **Delhi**. n. 3005 Thomas n. 46 au Cavalier à g. au revers légende koufique. n. 3006 Thomas n. 47 légende koufique rev. lég. hindi „*Sri Hammirah*", 6 pièces b.c. et t.b.c.

3007—3012 Ae. divers Thomas n. 48 pl. I n. 18, n. 3008 Thomas n. 49 fr. à **Moultan** droit dans un carré accosté d'annelets, revers dans un sigillum davidis comp. pl. I n. 19, n 3009 Thomas n. 50 légende koufique, Cavalier à dr. et taureau a dr.

légende „*Sri amir al mominin*" en hindi, comparez Thomas
pl. I n. 30 n. 3010 Thomas n. 52 pl. I n. 19 n. 3011 Thomas
n. 53 avec „*adl*" *i Sultan* n. 3012 avec *Harzrat Delhi* Ae. 6
piéces b.c. et t.b.c.

3013—3018 Ae. fr. à Delhi variété avec *adli Sultan Hazrat Delhi*
Br. Mus. n. 55 2 variétés, n. 3015 Thomas n. 55 variété de
pl. I n. 22, n. 3016 Thomas n. 56 étoile de deux côtés, n.
3017 Thomas n. 57 pl. I 23 et n. 3018 Thomas n. 58 bilingue.
Ae. 6 ps. t.b.c. rares.

3019—3024 Thomas n. 58 avec „*adali*" et taureau, n. 3020 et 3021
Cavalier à dr. avec „*Sri Hamira*" rev. légende comme Thomas
48, *nadin ia dunya Altamish Sultan*, n. 3022. Inédit avec „*adali*"
et au revers „*Mulk*" dans des cercles entourés de grénetis n. 3023.
Taureau dessus „*Al tit mish*" et cavalier Inédit, n. 3024 Lahore
Mus. n. 28 avec „*adali*" et „*delhi*" 6 ps. Ae. b.c. et t.b.c.

3025—3028 Inédit fr. à **Lahore** avec „*adali Sultan ul a'Zam, Zarb
bah Lahor*", n. 3026 Cavalier à dr. „*ad dunya wadin*" n. 3027
Inédit variété de Thomas 48 avec soleil devant le roi, n. 3028
Inédit avec légende hindi „*Sri Skalifah*" — „*Sri Saritan*" Ae.
4 pièces, fort rares.

3029 **Ruknuddin Firoz I** 633—634 *Roupie* fr. à **Delhi,** les légendes
dans des carrés à double bande et légendes circulaires. Inédit
et extr. rare.
Voir la reproduction.

3030 — Thomas n. 88, cavalier et légende koufique en trois
lignes, et variété inédite avec la légende dans un carré.
2 pièces b.c. rares.

3031 **Riziah** 634-637 = a.d. 1236-1239 *Roupie* fr. à **Laknauti**
variété de Thomas n. 90, pl. I n. 27 et de pl. VI n. 1 et de
Br. Mus, n. 62 pl. II n. 62. t.b.c. Extr. rare.
Voir la reproduction.

3032—3035 — Ae au type cavalier. Thomas n. 91 2 var. pl. I
n. 28 et 29, n. 3034 Inédit au cavalier et le nom dans
un cercle rayonnant et n. 3035 Inédit au même revers mais
avec taureau au droit 4 ps. Ae. rares.

3036 **Uzbeg Pai.** Ae. frappé à **Moultan** pendant son invasion de
l'Inde. Thomas n. 115 Beau et rare.

3037 **Muizuddin Bahram** 637-639 a.d. 239-1241 *Roupie* fr. à
Delhi. Thomas n. 92. Br. Mus n. 67 pl. II. n. 67 t.b.c.
Fort rare.

3038—3041 — Ae. au cavalier et revers légende koufique. Thomas
n. 93 et n. 96 et n. 3040 et 3041 au cavalier et au taureau.
Thomas 94 et 95. 4 pièces rares.

3042 **Alaouddin Masoud** 639-644 *Roupie* de 639 fr. à **Delhi**. Thomas
n. 97. Br. Mus. pl. III n. 73   t.b.c.

3043 — *Roupie* pareille. Thomas n. 98. pl. II n. 33   b.c.

3044—3047 — Ae. au cavalier et légende, Thomas n. 99, n. 3045 et
3046 au taureau et cavalier, Thomas n. 100 et 101 et
n. 3047 légende et cavalier barbare, Thomas n. 103. 4 ps.
Ae. b.c. et a.b.c. Rares.

3048 **Nasir ouddin Mahmoud I** 644-664 = a.d. 1246-1265 *Roupie*
Thomas n. 60. Br. Mus. pl. III n. 85 t.b.c. Fort rare.

3049 — *Roupie* fr. à **Delhi**. légendes dans des carrés en haut et en
bas des o, Thomas n. 106. Br. Mus n. 86   t.b.c.

3050 — *Roupie* pareille en haut et en bas ... Br. Mus n. 87 b.c.

3051 — *Roupie* fr. à **Delhi** (Hazrat). an 6 . .? Thomas 104.
Br. Mus. pl. III n. 87. b.c.

3052—3057 — Ae. droit légende en trois lignes, rev. Cavalier avec
légende hindi et arabe. Thomas 107 pl. II n. 40, n. 3053
Thomas n. 108 cavalier barbare, n. 3054 et 3055 Thomas
109 avec „*adali nasiri*" 2 variétés et n. 3056fr. à **Hazrat Delhi**
petite pièce inédite manquant à Thomas et Br. Mus. 4 ps. rares.

3058 — Ae. Inédit avec „*Sultan ul azam Nasir ud dunya wadin*"
m.m. 16 beau.

3059 **Ghias uddin Balban** 664-687 = a.d. 1265—1287 *Mohur* fr.
à **Delhi** an 674 Thomas n. 111 Br. Mus. pl. III n. 100 Or.
gr. 11.1 Beau et fort rare.

3060 — *Roupie* fr. à **Delhi** an 665. Thomas n. 112 pl. II 42, et
Br. Mus. pl. III 103 t.b.c. et rare.

3061—3067 — Ae. divers avec légende des deux côtés. Thomas
n. 113, 114, 115. 4 modules variés, n. 3067 Inédit fr. à **Lahore**
avec titre „*As Sultan al Mouazzim*". Ae. 7 pièces rares et t.b.c.

3068 **Mouizeddin Kaikobad** 686-689 = a.d. 1287-1290. *Mohur* fr.
à **Delhi** an 686. Br. Mus. pl. III n. 123. Or. Beau et extr. rare.

3069 — *Roupie* fr. à **Delhi** (Hazrat) an 68(8) Br. Mus. n. 127
Thomas n. 116 pl. II n. 46 t.b.c.

3070 — *Roupie* pareille, légende circulaire moins ligible.   t.b c.

3071 — *Roupie* pareille, au revers manque toute la légende circulaire t.b.c.

3072—3077 — Monnaie de Billon légende bilingue Thomas n. 117 pl. II. n. 47, n. 3073 même pièce Ae., n. 3074 et 3075 Ae. légende arabe Thomas 118, t.b.c. n. 3076 et a.b.c. Petit Ae. légende en cercle Thomas 119 et n. 3077 avec „*adali muizz*". Br. Mus. n. 137. 6 pièces Ae. la dernière rare.

3078 **Malik Chajou.** Deux pièces billon noir fr. en 690 Rodgers coins Supplementary pl. V n. 24 et 25 t.b.c.

Le prince Malik Chajou neveu de Ghias eddin Balban se révolta sous le gouvernement de Kaïkobad.

LXXI. Les Khiljides.

3079 **Ielal eddin Firoz II** 689-695 = a.d. 1290-1295 *Mohur* fr. à **Delhi** an 691. Thomas n. 120 comp. pl. II n. 50 et Br. Mus, pl. IV n. 138 Or. Beau et extr. rare.
Voir la reproduction du droit.

3080 — *Roupie* même type, date et atelier. Thomas n. 121 pl. II n. 50 t.b.c.

3081 — *Roupie* pareille même date. Thomas n. 121 t.b.c.

3082 — *Roupie* de 694, même type. Thomas n. 121 t.b.c. rare.

3083—3085 — Ae. Thomas 122 le nom koufique dans un cercle. „*Sri Sultan Ialal udin*" en hindi à l'entour. Beau, n. 3084. Thomas 123 lég. koufique de deux côtés, 3085 Thomas n. 124, pl. II 51, 52 et 52   3 ps. t.b.c.

3086 **Ruknuddin Ibrahim** 695 = a.d. 1295 *Roupie* de 695 fr. à **Delhi.** Thomas 126 pl. II 54. Br. Mus. pl. IV n. 153 t.b.c. Extr. rare.

3087—3089 — Ae. Thomas 127 pl. II 55 et variété, et Thomas n. 128 „*Sultan ul àzam Ibrahim bin Firoz*" 3 ps. t.b.c. et rares.

3090 **Alaouddin Mohammed** 695-715 = a.d. 1295-1315 *Mohur* fr. à **Dar ul Islam** an 709 Thomas 130 Br. Mus. 159 de 708 (comp. Br. Mus. pl. IV n. 147) Or. gr. 11 Beau, rare.

3091 — *Mohur* carré, inconnu à Thomas et au Brit. Mus. Or. gr. 10.6 t.b.c. Fort rare.
Voir la reproduction.

3092—3094 — *Roupies* de 709, 711 et 712 fr. à **Delhi.** Thomas n. 132 et variété. Br. Mus. 170 et 171 3 ps. t.b.c.

3095—3096 — *Roupies* fr. à **Dar ul Islam** (Delhi) an 710 et 713 Thomas n. 133 Br. Mus. n. 177 2 ps. t.b.c.

3097 — *Roupie* de 714 fr. à **Deogir** (à présent Daulatabad dans l'antiquité Tagara) Thomas n. 134 t.b.c. rare.

3098 — *Trois Billons* de 701, 702 et 703 Thomas n. 135, pl. III
n. 59 t.b.c.

3099 — *Trois Billons* au même type de 712, 714 et 715 3 ps. t.b.c

3100 — *Deux Billons* le nom dans un cercle. Thomas n. 136 pl.
III n. 60 t.b.c. et b.c.

3101—3103 Trois pièces Thomas 137 variété hexagone t.b.c. n. 3102
Thomas 138 fr. à Delhi 712 et n. 3103 variété Ae. 3 ps. t.b.c.

3104 **Shahaáb uddin Omar** *Billon* de 715 Thomas 141 Br. Mus.
pl. IV n. 205 Belle et rare.

3105 **Kutbuddin Moubarak** 716-720 a.d. 1317-1320 *Mohur* carré
de 718 fr. à **Dar ul Khilafat** (Delhi) Thomas n. 142. Br. Mus.
pl. IV n. 206, gr. 11.15 Beau. Fort rare.
Voir la reproduction du droit.

3106 — *Roupie ronde* fr. à **Delhi** Thomas n. 143 pl. III n. 64 b.c.

3107 — *Roupie* fr. à **Dar ul Islam** (Delhi) Thomas 143 Br. Mus.
pl. IV 209 var. t.b.c. rare.

3108 — **Roupie** carrée fr. à **Dar ul Khilafat** (Delhi) an 719.
Thomas 145 pl. III 65 t.b.c. rare.

3109 — *Roupie* ronde, fr. à **Dar ul Khilafat** (Delhi an 718) Thomas
n. 146 ronde et Br. Mus. n. 263. Belle et rare.

3110 — *Roupie* carrée an 729 avec le nom dans un cercle et titre
„*Khalifa allah*" gr. 11. Inédite, extrèmement rare.
Voir la reproduction.

3111 — *Billon* de 716, variété de Thomas 147. Br. Mus. 214. Beau.

3112 — *Billon* de 719, var. de Thomas 148 Br. Mus. pl. IV n.
215 2 ps. variées t.b.c..

3113 — *Billon* de 717 Thomas 149 et 150 2 ps t.b.c.

3114 — Deux *Billons* carrés de 719 Thomas 151 2 ps. t.b.c.

3115 — Deux *Billons* carrés de 720 Thomas 152 2 pièces var. t.b.c.

3116 — *Billon* au titre „*Khalifa Rabb ul alimam*" Lahore Museum
n. 1 t.b.c. fort rare.

3117—3120 Ae. carré, Thomas 153 b.c. n. 3118 Ae. rond inédit avec
„*Khalifa al Wasik*" t.b.c. n. 3119 *Billon* de 717 Thomas
n. 49 n. 3120 Ae. carré fr. à *Delhi* var. de Thomas 153
t.b.c. 4 pièces rares.

3121 **Nasir uddin Khosrou** 720 = a.d. 1320 *Mohur* de 720 fr. à
Delhi. Br. Mus. pl. IV n. 285 Or. gr. 11. Beau et extr. rare.

3122 — *Billon* au nom dans un cercle. Thomas 155 pl. III 74
t.b.c. rare.

LXXII. Les Toughlakis de Delhi.

3123 **Ghiasuddin Touglak** 720-725 = a.d. 1320-1325 *Mohur* fr.
à **Daulatabad** en 745 après la mort du roi. Thomas n. 158
Or. gr. 10.8. Beau et fort rare.
Voir la reproduction.

3124 — *Mohur* fr. à **Delhi** an 721 Thomas n. 159 Or. gr. 10.9
t.b.c. rare.

3125 — *Mohur* fr. à **Telingana** an 725 Br. Mus. n. 242 au nom
de „*al moutawakkel alá Allah*" Gibbs pl. XI n. 11 Or. gr. 11
t.b.c. Extr. rare.

3126 — *Roupie* fr. à **Delhi** an 724 Thomas n. 161 pl. III n. 78.
Br. Mus. n. 247. Belle et rare.

3127 — Deux *Billons* de 721 Thomas n. 163 et variété. 2 ps. t.b.c.

3128 — Deux *Billons* Thomas n. 164 de 720 et 721 2 ps. t.b.c.

3129 — *Billons*, Thomas n. 164 de 722, 723 et 724 3 ps. t.b.c.

3130—3131 — Ae. avec „*Thouglak* (au dr.) *Schah*" (au rev.) en cercles.
Ae. manquant à Thomas avec „*ThouglakSchah*" au dr. et lég.
au revers Ae. 2 ps. t.b.c.

3132 **Mohammed bin Touglak** 725-752 = a.d. 1324-1351 *Mohur*
de 726 fr. à **Delhi** Thomas n. 171. Br. Mus. pl. V n. 260
Or. gr. 12.7 Beau et rare.

3133 — *Mohur* fr. à *Dar ul Islam* (Delhi) an 725. Thomas n. 172
Or. gr. 11. — Superbe Extr. rare.

3134 — *Mohur* de petit module de 727 fr. à **Delhi** Thomas n. 173
Br. Mus. pl. V n. 264. Or. gr. 12.7 t.b.c. rare.

3135 — *Mohur* de 727 fr. à **Deogir** (*Masálik al Absár*) avec
„*fi Koubbat idin i Islam*" Thomas n. 174 Or. gr. 12.8 Superbe
et extrêmement rare.

3136 — *Mohur* de 741 fr. à **Delhi**. Thomas n. 176 Br. Mus. n. 276
Or. gr. 11. t.b.c.

3137 — *Demi Mohur* au titre „*Mohiya Sunnu Khatura un nabiiu*"
Thomas n. 177. Or. gr. 6.5 Superbe. Unique.
Voir la reproduction.

3138 — *Mohur* de l'an 729, le droit dans un cartouche à six lobes,
cantonnés de points. Thomas 179 Br. Mus. n. 265 m.m. 20
Or. gr. 12.7 Beau et extr. rare.

3139 — *Mohur* de 741 fr. à **Delhi** au nom du Khalife égyptien
„*Al Moustakfi Billah*" Thomas n. 212. Br. Mus. pl. VI 328
m.m. 20 Or. gr. 11 beau et rare.

3140 — *Mohur* fr. au nom du Khalife égyptien „*Al Hakim*" Thomas n. 213 pl. III n. 86 variété de Br. Mus. pl. VI n. 355. Or. gr. 11. Beau.

3141 — *Adali ou Roupie* de 725 fr. à **Delhi** (Hazrat) Thomas n. 180 pl. III 87 Br. Mus. n. 263 m.m. 23 gr. 9.2 Belle et rare.

3142 — *Adali* de 725 en tout pareil. Belle et rare.

3143 — *Adali* de petit module fr. de 727 fr. à **Delhi** Thomas n. 181 pl. III n. 83 m.m. 18 gr. 8.7 t.b.c. extr. rare.

3144 — *Adali* de 729 Thomas n. 182 pl. III n. 88. Br. Mus. n. 271 Argent de bas titre m.m. 19 gr. 8.5 t.b.c.

3145 — *Adali* de *Billon* de 730? Thomas n. 182. Br. Mus n. 272 gr. 8.8 t.b.c.

3146 — *Adali* de 730 pareil. Thomas n. 182. Br. Mus n. 272 Argent de bas titre gr. 8.8 t.b.c.

3147 — *Roupie* de 728 fr. à **Delhi.** Thomas n. 184 pl. III n. 90 Belle.

3148 — *Roupie* de 729 fr. à **Satgaon** par **Bahadur Schah** de Bengale. Thomas 184. Br. Mus. n. 274 t.b.c. rare.

3149 — *Roupie* de 730 fr. à **Satgaon** avant la conquête de Bengale, comp. Thomas n. 172. Br. Mus 274 t.b.c. rare.

3150 — *Roupie* de 733 fr. à **Laknauti** après la conquete de Bengale, Thomas n. 187 pl. VI. n. 6 t.b.c. Fort rare.

3151 — ¹/₃ *Roupie* de 726, Thomas n. 189 pl. III 91 Br. Mus n. 280 t.b.c.

3152 — Même pièce de 726. b.c.

3153 — ¹/₃ *Roupie* de 727 Thomas n. 189. Br. Mus. pl. V. n. 281 t.b.c.

3154 — Même pièce de 727 autre type. Thomas 192 Br. Mus n. 282 t.b.c.

3155 — *Roupie* fr. à **Delhi** an 742, pièce unique en argent seulement connu comme Mohur Thomas n. 212 et Br. Mus pl. VI. n. 328 fr. au nom du *Khalif Moustakfi* b.c. Extr. rare.

3156 — *Billon* de 725 Thomas n. 190 Br. Mus. n. 278 t.b.c.

3157 — *Billon* au titre „*al Moujabidfi Sabil illah*" Thomas 190 t.b.c.

3158—3162 — *Billons* de 727 Thomas 192, de 733 et 734 Thomas 193, de 733 et 734 Thomas 194 5 ps. b.c.

3163—3165 — Ae. au titre de „*Zill allah*" Thom. 209, n. 3164 au titre de „*al wasik bah nasr illah*" de 734 Thom. 210 t.b.c. et n. 3165 Thom. 211 a.b.c. 3 ps. Ae.

Mohammed ben Toughlak

forced currency, (monnaies de bas alloi.)

3166 — *Tankah* fr. à **Delhi** an 731. Thomas n. 195 pl. IV 97
Br. Mus pl. V. n. 301 Ae. Belle.

3167 — Même pièce t.b.c.

3168 — *Tankah* de 732 fr. à **Delhi**. Thom. 795 t,b.c.

3169 — *Tankah* de 7 ??f r. à **Dar ul Islam** (Delhi). Thom. 195 b.c.

3170 — *Tankah* de 731 fr. à **Satgáon** avce „*dar arsa i satgaon*"
Br. Mus, n. 305*d*. t.b.c. rare.

3171 — *Tankah* de 731 fr à **Darrah Dáhar** var. de Thom. 195.
Beau rare.

3172 — Même pièce, seulement l'atelier écrit **Darra Dhàr** t.b.c. rare.

3173 — *Tankah* de 730 fr. à **Toughlakpour urp Tirkout** Lahore
Museum n. 9, Br. Mus. n. 305*c* Ae. t.b.c. rare.

3174 — *Tankah de 50 Kanis* fr. à **Daulatabad** an 73? Thomas
196 Ae. cuivre jaune t.b.c.

3175—3177 — deux *Tankah's* de 730. Thom. 197 et 198 (2 var).
pl. IV. 100 et 101 Ae. 3 ps. t.b.c.

3178—3180 — *Quart Adali* de 730 Thom. 199 et Thom. 200 avec
„*Hasbi Rabbi*" et var. avec „*Hasbi Rabbi Matri bin Toughlak*"
3 ps. Ae. t.b.c.

3181 — *Quart Adali* Thom. 200 en cuivre jaune et rouge et Thom
201. 3 ps. Ae. t.b.c.

3182—3185 — *Tankah* fr. à **Dar ul Islam** (Delhi) an 730 2 var.
t.b.c. et a.b.c. fr. à **Daulatabad** an 730 et fr. à **Delhi** 732.
Thom. n. 202 pl. IV, 105 4 ps. Ae.

3186—3187 — *Tankah* fr. à **Hazrat Delhi** an 732. Thomas 203,
et *Nasfi* fr. à **Daulatabad** an 732 Th. 204. Ae. 2 ps. belles
et rares.

3188—3190 — *Nasfi* fr. à **Daulatabad** an 730 Thom. 204 *Hast
Kani* Thomas n. 205 et *Dokani* Thomas n. 206. Ae. 3 pièces
belles et rares.

3191—3192 — *Dokani* de 732. Thom. 208 pl. IV. 107 avec „*al
mulk w' alizzeat billah*" Beau et rare et *Panji* fr. à **Hissar**
b.c. Unique   Ae. 2 ps.

Mohammed bin Toughlak monnaies frappées aux noms des Khalifes.

3193 *Roupie* petit module, au nom de **Mustakfi**. Thom. 215 pl. III 109 Arg. de bas titre gr. 8.8 b.c.

3194 — Même pièce, var. Thomas 215*a*. Billon b.c. rare.

3195—3199 — Thomas n. 216 au nom de **Mustakfi** Ae. beau. n. 3196 et 3197 Thom. 218 au titre „*Abou Abbas Ahmed*", n. 3198 et 3199 Thom. 219, 2 variétés cuivre et billon.

3200 **Mahmoud ibn Mohammed ibn Toughlak,** Prétendant 752 *Mohur* de 752. Br. Mus pl. VI n. 342. t.b.c. Or. Extr. rare.

3201 **Firoz Schah III** 752-790. *Mohur* fr. au nom d'„*Aboul Abbas Ahmed*". Br. Mus 343 Thom. 223 Or. Beau et rare.

3202 — *Mohur* fr. à **Delhi**. Th. 224 pl. IV 113 au nom d' „*Aboul Fateh*". Br. Mus 346. Or. Beau et rare.

3203 — *Mohur* Thomas 225. fr. au nom du Khalife „*Moutazid Billah*". Br. Mus pl. VI 344. Or. t.b.c.

3204 — *Mohur* fr. à **Delhi** 796 au nom d' „*Abi Aboullah*" Thomas 226 Beau et extrêmement rare.

3205 — Thomas n. 228 fr. à **Delhi** an 772 pl. IV 115 Br. Mus. n. 352 Ae. t.b.c.

3206 — Même pièce de 781 et 785 Thom. 228 2 ps. Ae. t.b.c.

3207—3211 — Thomas n. 229 sans date, **Delhi** 789 Thomas 230, Thomas 231 fr. à **Delhi**, Petite monnaie au nom de „*Firoz Schah*" — „*Delhi*" Thom. 232, et Thomas 233 5 ps. Ae. t.b.c.

3212—3215 Thomas n. 234, 235, n. 236 et 237 4 pièces Ae. t.b.c.

3216 — Deux pièces variées fr. à **Delhi**. Br. Mus n. 371.

3217 — Monnaie inédite. Lahore Museum n. 110 — carrée Ae. t.b.c.

3218 **Firoz III** et sons fils **Fateh Khan** *Mohur* fr. à **Iklim Toughlakpour** Thomas 240 mais avec légende circulaire. Or. gr. 10.9 t.b.c. Fort rare.
Voir la reproduction.

3219—3221 Thomas n. 241 et 242, 243 et 244 Quatre pièces Ae. t.b.c. (n. 3220 rare.)

3222 **Firos III**, et son fils **Zafar**. *Mohur* Thomas n. 245. Or. t.b.c. fort rare.

3223 — *Roupie* Thomas 246, argent de bas titre. t.b.c.

3224—3227 — Thomas 247 fr. à Delhi 792 pl. IV 116, Thomas
248 pl. IV 124. Thomas pl. 249 et autre avec „*Firoz Schah*"
dans un cercle et au rev. „*Khalifa abi adbdoullah*" Lahore
Museum n. 6 4 ps. Ae. t.b.c.

3228—3231 — Ae. de 791 Lahore Museum n. 4 avec „*Firoz Schah*"
dans un carré et au titre „*Nait amir al momimin*", n. 3229
avec „*Khalifa abi Abdoullah*" Lahore Museum n. 6, n. 3230
Inédit de 791 aussi au titre „*Nait amir al mominin*" et 3231
Inédit de 791 avec „*Khalifa al mominin*" 4 ps. Ae. t.b.c.

3232 **Firoz III** et son fils **Mohammed** *Roupie* de 783. Thomas n.
264 pl. IV n. 134, sans aucun doute avec la date $\vee\wedge\stackrel{\frown}{\vphantom{x}}$
t.b.c. rare.

3233—3234 — Ae. Thomas n. 261 au nom „*Abou Abdoullah*" fr.
à Delhi 790 et 3234 Thom. 262 2 ps. Ae. t.b.c.

3235 **Firoz Schah IV.** Monnaie inédite d'un roi inconnu, avcc
légende „*Firoz Schah Sultan ibn Abou Bekr Schah*" et au
revers „*Nait amir al mominin*" 791 Unique Ae. Belle.
Voir la reproduction.

3236—3239 **Toughlak II** (Gyas-ud-din Toughlak Schah II) 790-791
= a.d. 1388. Monnaie fr. à **Delhi** an 790 Thom. 250 pl. IV
126 t.b.c. n. 3237 fr. à **Delhi** Tom. 252, b.c. n. 3238 Thomas
254 et n. 3238 pièce inédite 4 ps. Ae. b.c.

3240 **Abou Bekr** 791-792 Deux Monnaies de 791 et 792 Thomas
255 pl. IV 129 2 ps. Ae. t.b.c.

3241—3243 — Trois Monnaies de 792 et sans date Thomas 257,
259 et 260 3 ps. Ae. b.c. et rare.

3244—3245 — Deux Monnais, Lahore Museum n. 9 avec titre
„*Khalifi Amir al muminin*" et n. 3245 pièce inédite, dans un
losange „*Abou Bekr Schah*" et à l'entour „*bin Zafar bin Firoz
Schah*" au rev. „*Nait Amir al mominin*" Belle et fort rare.
Voir la reproduction du droit du n. 3245.

3246 **Mohammed III** (Mohammed bin Firoz) *Mohur* de 793,
Thomas n. 265 varieté. Or. gr. 10.9. Beau et rare.
Voir la reproduction.

3247 — *Roupie*, de 793? Thomas 264 pl. IV 134 b.c.

3248 — *Roupie* de 820 frappée après sa mort, variété de Thomas
270 et de Br. Mus pl. VII n. 421 t.b.c. et rare.

3249 — *Deux Billons* de 794 Thomas 265 et autre avec la dernière
chiffre indistincte. 2 ps. Belles.

3250 — Ae. de 793. Thomas 266 et deux pièces au même type,
module plus grand de 794 et sans date. 3 p.s. t.b.c.

3251—3253 — Trois pièces variées de 794 Thom. 267, Sans date Thomas 269 et 271 3 ps. Ae. t.b.c.

3254—3256 **Sikander Schah** (Humáyun îbn Nasir uddin Mohammed) 795. Quatre monnaies, deux de 795 fr. à **Delhi** Thomas 273 et Br. Mus pl. VII 425 et pl. VII 427 et Thomas 274 et 275 sans date 4 ps. Ae. t.b.c.

3257 **Mahmoud II bin Mohammed** 795-815 = a.d. 1392-1412. *Mohur* Thomas 276 pl. IV. 294. Br. Mus. pl. VII n. 431. Or. Superbe et rare.

3258 — Ae. de 795. Thom. 277 pl. IV 144. Br. Mus. pl. VII n. 434 t.b.c. rare.

3259—3262 — **Delhi** 812. Thomas 278. **Dar ul Mulk** (Delhi) sans date Thom. 280 et même pièce an 800 et troisième sans date. 4 pièces etc. t.b.c.

3263—3264 — **Delhi** deux pièces sans date Thom. 281 et une inédite fr. à **Hazrat Delhi** avec „*Mahmoud Schah—Hazrat Delhi*" 2 ps. Ae. t.b.c.

3265—3267 — **Nasrat Shah** roi d'une partie du royaume de Delhi depuis 797. Trois monnaies fr. à Delhi Thomas 282, 283 et 284 la dernière de 797. 3 ps. Ae. t.b.c. et rares.

3268 — Monnaie inédite fr. à „**Dar ul mulk**" (Delhi) inscr. „*Nasrat Schah Sultan*" type Th. 284 m.m. 18. Ae. t.b.c. rare.

LXXIII. Les Seyjides de Delhi.
Mouizzouddin Moubarak Schah II.

3269 824-837 *Roupie* de 837 fr. à **Delhi** Thomas 287 t.b.c. rare.

3270 — 834 Ae. fr. à **Delhi** Thom. 288 Br. Mus. pl. VII 447, sans date Thom. 289 pl. V. n. 154. 2 ps. Ae. t.b.c.

3271—3274 **Mohammed bin Farid** 837-847 Trois monnaies de 846, 839 et 842 fr. à **Delhi**, Thomas n. 293, 294 rare et 295 et sans date fr. à **Hazrat** (Delhi) Lahore Museum 4, Ae. quatre pièces t b.c.

3275—3278 **Alam Schah** 847-855 quatre monnaies Thomas 297 de 853, Thomas 298 de 848 fr. à **Delhi**. Thom. 299 de 853, et Thomas 301 sans date fr. à Delhi, 4 ps. Ae. t.b.c., b.c. et a.b.c.

LXXIV. Les Lodi's de Delhi (Afghans).

3279 **Buhlol Lodi** 855-894 a. d. 1450-1488 *Billon* de 856 Thomas 311 pl. V. 162. Br. Mus. pl. VIII n. 473, date inconnue, fort rare. Beau.

3280 — Même pièce de 858 Br. Mus pl. VIII 473. Belle.

3281 — Même pièce de 859 et 861 Thom. 311 2 ps. Ae. Billon t.b.c. et b.c.

3282 — *Deux Billons* de 862 et 863 Thom. 311. b.c.

3283 — *Deux Billons* de 865 et 873 Thom. 311, belle.

3284—3287 quatre monnaies, Thomas 312 fr. à **Delhi** t.b.c. et rare, Thom. 313 de 855 Br. Mus pl. VIII n. 483, t.b.c, Thom. 313 de 857 t.b.c. et de 868 b.c. 4 ps. Ae.

3288—3290 Thomas 314 fr. à **Jaunpour** 890 après la conquète de Iaunpour, rare b.c., Thomas 315 date indistincte t.b.c. et rare et petite pièce inédite. Ae. 3 ps.

3291 **Sikander Lodi** 894-923 Billon de 899 Thomas 316 pl. V. 167. Beau.

3292 — Monnaies pareilles de 900, 904, 906, 908, 917, 918 et 919, 7 pièces Ae. la plupart t.b.c.

3293 — Sans date, Thomas 317 Ae. t.b.c. rare.

3294—3298 **Ibrahim Lodi** 923-932 quatre monnaies Thomas 318, 319 rare, 320 de 925 et une piéce inédite et rare, Ae. 4 ps. b.c.

3299 — Monnaie inédite, manquant à Thomas ou Br. Mus. fr. par son tributaire **Ràma Ràya**, naja de **Kangra** t.b.c. Rare.

LXXV. Les Souri's de Delhi (Afghans).

3300 **Sher Schah** 947-952 = a. d. 1540-1545 *Mohur* bilingue an 947 Thomas 340 légende dans des carrés. Or. gr. 10.8 t.b.c. avec trace d'oeuillet. Fort rare.

3301 — *Mohur* carré, fr. à **Kalpi**, Thomas 341 Or gr. 10.7 Beau et rare.

3302 — *Mohur* rond de 950, leg. dans des cercles avec légende circulaire, comp. Thomas 342 m.m. 26 Or. gr. 10.8 t.b.c.

3303 — *Mohur* inédit, le texte dans un oval lobé entouré d'un grènetis au rev. „*Us Sultan Sher Shah Khalada allahu Sultan athu,* m.m. 29 gr. 11.4 Beau. Extr. rare.
Voir la reproduction.

3304 — *Roupie* de 946, fr. à **Sharifabad** légende dans des carrés. Br. Mus. pl. VIII n. 526 Thomas n. 351 t.b.c.

3305 — *Roupie* de 947 même type. Br. Mus. n. 527 t.b.c.

3306 — *Roupie* de 947, module plus petit b.c.

3307 — *Roupie* de 948 Br. Mus. n. 528 t.b.c.'

3308 — *Roupie* de 948 fr. à **Iehanpanah**. Thomas n. 349*a* Br. Mus. n. 530 t.b.c.

3309 — *Roupie* de 949 fr. à Agrah. Thomas 345 type Br. Mus. pl. VIII 537 b.c.

3310 — *Roupie* de 951 fr. à **Gwalior** Thom. 347 date q&l placée de haut en bas. Br. Mus. 539 avec oeuillet t.b.c.

3311 — *Roupie* pareille fr. à **Gwalior** q&l. Br. Mus. n. 541 Belle.

3312 — *Roupie* de 952 fr. à **Gwalior** Thomas 347 t.b.c.

3313 — *Roupie* fr. à **Shergadah** Thomas 346 t.b.c.

3314 — *Roupie* fr. à **Delhi** avec la date fautive q ५ ٨ au lieu de q ٢٨ Thomas 344. Belle et rare.

3315 — *Roupie* fr. à **Shergarh** 949 légende dans un carré à double bande Thomas 346 avec ✳ comme marque, variété de Br. Mus. pl. VIII n. 544 t.b.c. rare.

3316 — *Roupie* de 989 fr. à **Kalpi** Thomas 354 Br. Mus. 547 t.b.c. rare.

3317 — *Roupie* de 949 fr. à **Shergarh**, marque tige. Br. Mus. 546. Belle et rare.

3318 — *Roupie* de 948, légendes circulaires Br. Mus. pl. VIII n. 548 t.b.c.

3319 — *Roupie* de 950 fr. à **Satgour** Th. 348. Br. Mus. à 554 t.b.c.

3320 — *Roupie* pareille de 950 la date q٠ tbc.

3321 — *Roupie* pareille de 950 avec q&. 2 variétés. Belle et t.b.c.

3322 — *Roupie* pareille avec 95. plus grande, type de Thomas 348*a* m.m. 33 gr. 11.3 t.b.c.

3323 — *Roupie* fr. à **Sharifabad** an 951 Br. Mus. n. 557 t.b.c. rare.

3324 — *Roupie* fr. à **Sharifabad** an 951 var. de Br. Mus n. 557 avec الدوسعمل au lieu de رعمل Belle et fort rare.

3325 — *Roupie* de 948 grand module Thomas 348*a* *a* m.m. 33 gr. 11.3. Belle et rare.

3326 — *Roupie* de 949 p ٢٣ p fr. à **Chunár** Thomas 350. Belle et fort rare.

      Voir la reproduction du revers.

3327 — *Roupie* fr. à **Iehanpanah** (Ujain) an 949 Thom. 349*a* comp. Br. Mus n. 551 t.b.c.

3328 — *Demi Roupie* de 948 avec étoile à huit rais de chaque côté, Thomas 354*a* Belle et extr. rare.

3329 — *Roupie* carrée sans date ni lieu, étoile à 6 rais comme marque, variété de Br. Mus. pl. VIII n. 559*a* sans lég. hindi au revers t.b.c.

3330 — *Roupie* ronde le nom dans un cartouche oval lobé, étoile comme marque, le cartouche dans un grènetis, au revers légende dans un carré perlé. Belle et fort rare.

Voir la reproduction du droit.

3331 — *Dam* de 949 fr. à **Kalpi**, Lahore Museum 14 poids 20 grammes (309 grains) Ae. t.b.c.

3332 — *Dam* de 949, Br. Mus pl. VIII 560 var. b.c.

3333—3337 — *Dam* de 950 fr, à **Shergarh**, type Thomas pl. V. 185 n. 356, n. 3334 *Dam* de 950 fr. à **Agrah** Thom. pl. V. 185, n. 3335 *Dam* fr. à **Malot** an 951 Lahore Museum 74, n. 3336 *Dam* fr. à **Alwar** Lahore Mus. n. 46, n. 3337 *Dam* fr. à **Bannur** an 951, Lahore Mus n. 79 Ae. 5 ps t.b.c. et b.c.

3338—3343 *Dam* fr. à **Gwalior** an 951, rare, Thomas 358, Br. Mus. n. 571, n. 3339 *Dam* fr. à **Abou** ou **Malot** an 951 rare, n. 3340 *Dam* fr. à **Sambhal** an 951 Lahore Mus. 60, rare, n. 3341 *Dam* fr. à **Shergarh** an 952 (date rare Sher Shah étant mort au printemps de l'année 952) n. 3342 *Dam* fr. à **Kila Shergarh**, grand module Lahore Mus. 85. n. 3343 *Dam* fr. à **Lucknow** Lahore Mus 52 rare. 6 ps. Ae. b.c. et t.b.c.

3344—3348 *Dam* fr. à **Kila Shergarh** avec lég. „*Dar us Zarb*" rare, n. 3345 *Dam* fr. à **Hissar** Thom. 357. n. 3346 *Dam* fr. à **Narnol** Lahore Mus. 67, n. 3347 *Dam* fr. à **Biána** Thomas 358, n. 3348 *Dam* fr. à **Biana** Thom. 355 avec ètoile, 5 ps. Ae. t.b. et b.c.

3349 — *Dam* fr. à **Chunar** atelier manquant à Thomas et au Br. Mus. Ae. Beau et rare.

3350 — 1/2 *Dam* de 949 et deux autres fr. à **Kalpi** Lahore Mus. 93. 3 ps. Ae. t.b.c.

3351—3352 1/2 *Dam* fr. à **Hissar** Lahore M. 92 et n. 3352 1/2 *Dam* au titre „*al adil wa'l Khalifa us zaman*" et l'an 950 2 ps. t.b.c.

3353—3354 — 1/8 *Dam* de l'an 947, type Br. Mus. pl. VIII n. 585 n. 3354 1/8 *Dam* de 949 au titre „*al adil w'al khalife us zaman*" 2 ps. Ae. rare.

3355 — ¹/₈ *Dam* inédit fr. à **Shergarh** légende dans des˙cercles, „*Fi abdi Amir ul Hami*" et au revers „*Sultan Sher Shah zarb i Shergarh*" Ae. t.b.c. rare.

3356 — ¹/₈ *Dam* Br. Mus 586. 3 pièces variées Ae. b.c.

3357—3361 ¹/₁₆ *Dam* de 946 avec titre „*al adil ul Khalifa uz zaman*" t.b.c. rare, n. 3358 ¹/₁₆ *Dam* de 943 même inscription du n. 3356 rare n. 3359 ¹/₁₆ *Dam* de 94? avec „*Khalifa us zaman us Sultan*", rare, n. 3360 ¹/₁₆ *Dam* lég. „*Sultan ul adil Khalifa uz Zaman*" n. 3361 avec *Khalifa us Zaman* et l'an 94? 5 pièces rares Ae. t.b.c.

3362 **Islam Shah** 952-960 = a.d. 1545-1552 *Roupie* de 952 fr. à **Gwalior** Thom. 360, Br. Mus. n. 592 t.b.c.

3363 — *Roupie* fr. à **Agrah** 953. Thom. 360 et Br. Mus. n. 594 avec q&ᴹ t.b.c.

3364 *Roupie* pareille fr. à Agrah 953 avec q& ᴹ marque ✕ Br. Mus. n. 594 t.b.c.

3365 *Roupie* fr. à **Sharifabad** an qo ᴹ Thom. 361 avec fleur a sept pétales comme marque au droit. Belle et extr. rare.

3366 — *Roupie* de 954 Thomas n. 359 pl. V n. 190 t.b.c.

3367 — *Roupie* de 954 Thomas n. 359 avec (1477 Samvat) t.b.c. Rare.

3368 — *Roupie* de 955 avec q&& Thom. 359 t.b.c.

3369 — *Roupie* de 956 avec q&ᕼ Thom. 359 Belle.

3370 — *Roupie* de 957 fr. à **Gwalior** avec q&V Br. Mus n. 599 t.b.c.

3371 — *Roupie* de *Gwalior* de 957 avec q&V t.b.c.

3372 — *Roupie* de 958. Br. Mus. pl. IX n. 608. Superbe et rare.

3373 — *Roupie* pareille de 959 t.b.c.

3374 — *Roupie* de 959 avec ✿ et x comme marque. Thom. 360 b.c.

3375 — *Roupie* de 960 fr. à **Narnol** type Br. Mus. pl. IX n. 597 atelier inconnu à Thomas ou au Br. Mus. t.b.c. fort rare.

3376 — *Roupie* carrée de 960, var. de Thomas 362, avec le vers **au** revers t.b.c. fort rare.

3377 — *Dam* fr. à **Malot** an 952. Thom. 363. Lehore Mus. n. 57 Ae. Beau et rare.

3378—3381 — *Dam* de 952 avec ᴗ, n. 3378 *Dam* de 953 avec tige, n. 3379 *Dam* de 955 fr. à **Shergarh Kanauj** avec noeud au milieu d'une double bande, no. 3380. *Dam* de 955

pareil, seulement noeud au milieu d'une simple bande, no.
3381 *Dam* de 956 fr. à **Narnol** avec bande sans noeuds, 5 ps.
Ae. t b.c.

3382—3386 — *Dam* de 956 comme n. 3381 avec ✳ comme marque
n. 3383 *Dam* de 956 fr. à **Shergarh** (Kanauj) avec noeud
sur une double bande, n. 3384 *Dam* de 956 fr. à **Kalpi**,
n. 3385 *Dam* de 956 Thom. 363 avec simple bande, 3386
Dam de 959 Th. 363. 5 pièces Ae. t.b.c.

3387—3389a — *Dam* de 960 b.c. n. 3388 *Dam* fr. à **Shergarh**
rose comme m.m. Thom. 363. n. 3389 *Dam* fr. **Bourbandiya** avec soleil comme marque. 3389a fr. à **Alwar** — Quatre
pièces Ae. t.b.c.

3390—3091 — *Dam* fr. à **Bourbandiya** avec ✕ comme marque
et n. 3391 *Dam* même atelier sans marque.

3392 — *Dam* avec légendes dans des carrés, soleil comme marque sur
اسللص Ae. t.b.c.

3393—3399 — *Dam* pareil avec ⦝ contourné sur اسللص n. 3394 *Dam*
pareil avec Swastika au dessus de اسكل n. 3395 ¹/₂ *Dam* fr. à **Kalpi**
953 type Br. Mus n. 624. n. 3396 ¹/₂ *Dam* inscriptions dans
des carrés, rare, n. 3397 ¹/₂ *Dam* de 953 n. 3398 ¹/₂ *Dam* de
955. n. 3399 ¹/₂ *Dam* sans date avec 935 au lieu de 953.
7 ps. Ae. t.b.c.

3400 — ¹/₈ *Dam* avec titre „al adil"—Khalifa uz zaman" an 949
Ae. t.b.c.

3401 — ¹/₈ *Dam* Thom. 363, 3 pièces variées Ae. t.b.c.

3402—3403 — ¹/₁₂ *Dam* avec titre „Amir à Hami"—abul Mouzaffir"
n. 3403 ¹/₁₆ *Dam* avec titre. „Khalifa uz zaman—al adil"
2 ps. Ae. t.b.c. rares.

3404 **Mohammed Adil V**, 960-964. *Roupie* de 961 Thomas n. 365
pl. V. 194 Br. Mus. pl. XX 63? Belle et rare.

3405 — *Roupie* de 962. Thomas n. 365 t.b.c. rare.

3406 — *Roupie* de 963, même type b.c. rare.

3407 — *Roupie* de 961. Br. Mus. pl. IX n. 630. Belle et rare.

3408 — *Roupie* de **Satgaon**, légendes dans des cercles, type inconnu
t.b.c. fort rare.
Voir la reproduction du droit.

3409 — *Dam* de 961 avec titre „Abul Moujahid". Thomas 366.
Ae. t.b.c.

3410—3414 — *Dam* de 961 fr. à **Gwalior**, n. 3411. *Dam* de 962
avec titre „ab ul mouzaffir" n. 3412 Dam de 962 même titre,

étoile comme marque, n. 3413 *Dam* de 964 même type,
n. 3414 *Dam* de 964 avec ✕ comme marque, rare et belle,
5 ps. Ae. t.b.c.

3415—3416 — ¹/₂ *Dam* de 963 Br. Mus n. 639 seulement ⚭ et ✕
comme marques, 3416 ¹/₂ *Dam* inédit avec „*Bis millah ur
Rahman*" et ✕, 2 pièces belles et rares.

3417 **Ibrahim III** 962 *Dam* de 962 Thomas n. 368 Ae. t.b.c.
fort rare.

3418 — ¹/₂ *Dam* de 962, pièce inédite et unique.

3420 **Sikander III** 962. *Roupie* de 962 fr. à **Lahore** variété de
Thomas 369 et du Br. Mus. 640 t.b.c. extr. rare.
Voir la reproduction.

3421 — *Dam* de 962, manque à Thomas et au Br. Mus. Lahore
Museum n. 1 Ae. t.b.c.

LXXVI. Les Grands Mogols de Hindoustan.

3422 **Mirza Soliman** (cousin de Baber regnant a **Badakshan**).
Tanga d'or. L. White King Novelties in Moghal coins. Num.
Chron. 1896 pl. XVI. n. 1. Or. Beau et rare.

3423 — *Dirhem* fr. à **Kundouz** an 935 le vers dans un carré, le
nom dans un cercle, m.m. 27 gr. 4.8 b.c. fort rare.

3423a— *Dirhem* du même, le vers dans un cartouche lobé t.b.c.
fort rare. White King Novelties pl. XI n. 2.

3424 **Kamram** (frère de Humayun) *Dirhem* fr. à **Kaboul** le vers
dans un cercle le nom dans un losange, m.m. 28 gr. 5.1 t.b.c.
mais avec oeuillet fort rare.

3425 — Même pièce, m.m. 27 a.b.c.

3426 **Baber** 932-937 = a.d. 1525-1530. *Dirhem* fr. en 933 le nom
dans un cartouche à six lobes, le vers dans un cercle entouré
de 4 compartiments. Rare, b.c. avec oeuillet.

3427 — *Dirhem* de 934, le nom dans un cercle entouré de compartiments, le vers dans un cartouche à huit lobes; b.c. rare.

3428 — *Dirhem* de 935 la légende du droit dans un cercle, var.
de Br. Mus. pl. I n. 2. t.b.c. petit trou.

3429 — *Dirhem* de 935. Br. Mus. pl. I n. 2. t.b.c.

3430 — *Dirhem* de 936 fr. à **Lahore** le nom dans un compartiment
oblongue avec deux noeuds. Br. Mus. pl. I. n. 3 a.b.c. rare.

3431 — *Dirhem* de 936 fr. à **Lucknow** type au cercle et au cartouche, manque au Br. Mus. t.b.c. avec oeuillet, fort rare.

3432 — *Dirhem* de 936 fr. à **Lahore**, même type. b.c. avec oeuillet, rare.

3433 — *Dirhem* de 937 fr. à **Agrah** type du n. 3430, comp. Br. Mus n. 3 le cercle plus petit t.b.c. Extr. rare.

3434 — *Dirhem* pareil de 937 fr. à **Agrah** t.b.c. Extr. rare.

3435 — *Dirhem* pareil de 937 fr. à **Urdou** même type. t.b.c. Extr. rare.

3436 — *Dirhem* fr. à **Kaboul**, le nom dans un très grand cercle, le vers dans un cartouche losange, comp. Br. Mus. n. 5 t.b.c. rare.

3437 — *Dirhem* fr. à **Jaunpour** type du n. 3430 b.c. fort rare.

3438 — *Dirhem* fr. à **Tattah**, L. White King novelties pl. XI n. 3, même exemplaire b.c. Extr. rare.

3439 — *Dirhem* fr. à **Badakshan** le nom dans un cercle, le vers dans un carré rare, avec oeuillet a.b.c.

3440 — *Dirhem*, le nom dans un cercle, le vers dans un cartouche losange b.c.

3450 — *Dirhem* le nom dans un cercle, le vers dans un cartouche à quatre lobes entourés de compartiments; t.b.c.

3451 — $^1/_2$ *Dam* de 936 fr. à **Kila Agrah**, la date dans un cartouche fleuronné. Ae. beau.

3452—3453 — $^1/_2$ *Dam* pareil de 936 même atelier t.b.c. 3453 $^1/_2$ *Dam* pareil variété avec étoile comme marque, 2 ps. Ae. t.b.c.

3454 **Humayun** (fils de Baber) *Tanga* d'or. Br. Mus. pl. I n. 8. Or t.b.c. rare.

3455 — *Tanga* d'autre type. Br. Mus, pl. I n. 9. Or. Beau et rare.

3456 **Humayun** et **Kamran** (l'Afghan) *Dirhem*, Monnaie de convention fr. à Kaboul le nom dans un cartouche lobé. L. White King novelties pl. XI n. 4. Son exemplaire, avec contremarque en forme de quatrefeuille. Belle pièce unique.

> Le Dirhem n. 3456 est d'un grand intérêt historique, il rapelle la réconciliation des deux rois après la défaite de Kamran par Humayun en 955 = 1548 à Talekan.

3457 **Humayun** seul. *Dirhem* fr. à *Agrah* an 940 Thomas the Pathan Kings of Delhi n. 326 pl. V n. 175. t.b.c. rare.

3458 — *Dirhem* de 940 petit module, cercle de deux côtés, m.m. 22 gr. 5.3 b.c.

3459 — *Dirhem* de 942 fr. à **Lahore**, Comp. Br. Mus. pl. I n. 12, b.c. avec oeuillet rare.

3460 — *Dirhem* pareil de 943 fr. à *Delhi* avec oeuillet, a.b.c. rare.

3461 — *Dirhem* fr. à **Agrah** an 944 type Br. Mus pl. I n. 19, avec oeuillet b.c.

3462 — *Dirhem* de 944, le nom dans un cartouche oblong, le vers dans un cercle a.b.c.

3462a— *Dirhem* fr. à **Agrah** an 945 type Br. Mus, pl. I n. 19, avec oeuillet, b.c.

3463 — *Dirhem* fr. à **Lahore**, an 886 le nom dans un cercle lobé, l'invocation dans un carré lobé t.b.c. et rare.

3464 — *Dirhem* petit module, fr. à **Kandahar** an 950? m.m. 24 Deux pièces t.b.c.

3465 — *Dirhem* fr. à **Delhi** le nom dans un cartouche à huit lobes, t.b.c. avec, oeuillet rare.

3466 — *Roupie* fr. à **Ujain**, le nom dans un grand carré, l'invocation dans un cercle. t.b.c. **Extr.** rare. Seulement deux exemplaires connus.

3467 — *Dirhem* le nom dans un carré lobé, l'invocation dans un cartouche multilobé. t.b.c.

3468 — *Dirhem* le nom dans un ovale lobé, l'invocation dans un cercle avec deux noeuds. 25 m.m. t.b.c.

3469 — *Dirhem* avec „*allahu yurzaku man yastà bi ghairi hisab*" b.c. troué, rare.

3470 — *Dirhem* fr. à **Kaboul** an 952, le nom dans un cartouche lobé, l'invocation dans un cercle multilobé. t.b.c. rare.

3471—3472 — ¹/₂ *Dams* de 937 fr. à **Agrah** et n. 3472 même date sans atelier 2 ps. Ae. t.b.c.

3473—3475 — ¹/₂ *Dam* fr. à **Agrah** 938 Thomas n. 333 n. 3474 ¹/₂ *Dam* de 938 fr. à **Lahore** et n. 3475 sans atelier 3 ps. Ae. t.b.c.

3476—3481 — ¹/₂ *Dam* de 939 fr. à **Lahore**, n. 3477 ¹/₂ *Dam* de 940 fr. à **Jaunpour** Thomas n. 339, n. 3478 ¹/₂ *Dam* de 941? même atelier. n. 3479 ¹/₂ *Dam* de **Delhi** an 942, n. 3480 fr. à **Mandou** an 942 (après la conquête de **Malwa**, rare) et n. 3481 fr. à **Agrah** an 941. Six pièces. Ae. t.b.c.

3482—3487 — ¹/₂ *Dam* fr. à **Dar ul Aman** (Agrah) an 942 n. 3483 de 942 fr. à **Champanir** avec „*Fatéh*" „Victoire" (frappé après la conquête de Gujarat, rare) n. 3484 même pièce fr.

à **Delhi** an 943 Thomas 336 n. 3485 fr. à **Hazrat Delhi** même date Thomas n. 336a n. 3486 fr. à **Agrah** an 945 et n. 3487 fr. à **Agrah** an 946. 6 pièces. Ae. t.b.c.

3488—3491 — 1/2 *Dam* de 942 fr. à **Champanir** (comme n. 3483 rare) 1/4 *Dam* de 939 sans atelier avec le vers, n. 3490 et 3491. 1/2 *Dam* fr. à **Agrah** an 94? 4 ps. Ae. t.b.c.

3492 **Akbar** 963-1014 = a.d. 1556-1605. *Mohur* fr. à **Lahore** an 971 type Br. Mus. pl. II n. 37. Or. gr. 10.9. Beau et rare.

3493 — *Tanga* de l'an 972, rose sur la bande, des deux côtés, comp. Br. Mus, pl. III n. 71. Or. Beau et rare.

3494 — *Mohur* oblong, type *Mikrahi* fr. à **Baldat Agrah** an 982, Br. Mus. pl. II n. 50. m.m. 35 Or. gr. 10.8 Superbe et fort rare.
Voir la reproduction.

3495 — *Mohur* de l'an 986. fr. à **Fathpour-Sikri** m.m. 21. Or. gr. 10.9. Beau et fort rare.
Voir la reproduction.

3496 — *Mohur* carré de 988 fr. à **Lahore**, Br. Mus. n. 70. Or. gr. 11 beau et rare.

3497 — 1/4 *Mohur* fr. à **Lahore** an 40 Ilahi mois „*Azar*". Br. Mus. pl. V 164. Or. Beau et rare.

3498 — *Mohur* fr. à **Agrah** an 44, Br. Mus. pl. V n. 175. Or. gr. 10.8. Beau et fort rare.

3499 — *Mohur* fr. à **Agrah** an 50 Ilahi mois „*Mihr*" avec un couplet inédit „*Sa àdat-yaft Dinar i Jelali*" — *Zi mihr inam i Akbar Badschahi àli*" — Beau et extr. rare.
Voir la réproduction.

3500 *Mohur* carré, mois „*Hijri*", m.m. 18. Or. gr. 10.5 t.b.c.
Voir la reproduction.

3501 — *Dirhem* de 963 fr. à **Lahore** 1er année du règne, type de l'Asie centrale, m.m. 27 gr. 4.5 a.b.c. rare.

3502 — *Roupie* fr. à **Delhi** 964. Légendes dans un carré des deux côtés. Br. Mus n. 85 t.b.c.

3503 — *Roupie* fr. à **Delhi** an 969, le nom dans un carré lobé, le texte dans un cercle à noeuds; comp. Br. Mus. pl. IV n. 97 t.b.c.

3504 — *Roupie* de 971 fr. à **Agrah**, m.m. 28 t.b.c.

3505 — *Roupie* pareille de 974 type, Br. Mus. n. 88, la date sous le carré, m.m. 30 gr. 11.3 belle.

3506 — *Roupie* de 976 fr. à **Lahore** revers comme Br. Mus. pl. IV. n. 90. t.b.c.

3507 — *Roupie* de 977 fr. à **Jaunpour** Br. Mus. n. 96 (droit comme Br. Mus. pl. IV n. 88, revers comme 96), t.b.c.

3508 — *Roupie* de 984 fr. à **Ahmedabad**, Br. Mus. pl. IV. n. 105. t.b.c.

3509—3510 — *Roupie* fr. à **Delhi** de 985 Br. Mus. n. 114 b.c. n. 3510 *Roupie* fr. à **Patnah** de 986 manque au Br. Mus. Superbe et rare. 2 ps.

3511 — *Roupie* de 986 fr. à **Bakkar** au droit légende dans un carré lobé et au revers dans un carré simple, la date sous le carré, t.b.c., rare.

3512 — *Roupie* de 991 fr. à **Hisár Firózah**, droit dans un cercle, rev. type Br. Mus. pl. IV 96. — Atelier inconnu pour l'argent, pièce inédite et fort rare, t.b.c.

3513—3514 — *Roupie* fr. à **Jaunpour** de 9?? type inconnu, droit dans un cercle lobé, rev. dans un carré oblong avec deux lobes, m.m. 30 et n. 3514 *Roupie* de 984 type Br. Mus. n. 108 pl. IV n. 84.

3515—3517 — *Roupie* avec la date des années solaires (Ilahi) fr. à **Ahmedabad** an 42 mois *Tir* Br. Mus 207, n. 3516 an 4? mois *Amardad* Rodgers droit de n. 3 revers de n. 11. n. 3517 an 47 mois *Aban*, type tout particulier. Br. Mus pl. VI n. 238 rare, 3 ps. t.b.c.

3518—3520 — *Roupies* pareilles fr. à **Ahmedabad** n. 3518 de l'an 47 mois *Mihr*. Br. Mus. pl. VI n. 238, belle et rare, n. 3519 de l'an 48 mois „*Azar*" type ordinaire, n. 3520. de l'an 48 mois *Isfandiyar*, 3 ps. t.b.c.

3521 — *Roupie* pareille, fr. à *Bairat* an 43 mois *Isfandiyar*. Manque au Br. Mus., type de Rodgers n. 12 avec étoile comme marque, t.b.c. rare.

3522 — *Roupie* de l'an 41 mois *Aban* fr. à **Srinayar**, inédite, t.b.c. rare.

3523 — *Roupie* de l'an 47 fr. à **Lehri Bander** mois *Aban*, manque au Br. Mus. Rodgers n. 9 t.b.c. rare.

3524 — *Roupie* de l'an 47 fr. à **Lahore** mois *Ardibihist*. Br. Mus. pl. VI n. 238 Belle.

3525—3526 — *Roupies* fr. à **Allahabad** n. 3525 de l'an 47. Lahore Museum n. 158 et n. 3526 date indistincte, type Lahore Mus. 158. 2 ps. belles et rares.

3527 — *Roupie* de l'an 48 fr. à **Sitpour**, mois „*Mihr*" inscr. „*A Darb*" légende comme Rodgers Rupees of the Month of Akbars Ilahi Years pl. VIII n. 7, type comme pl. VIII n. 5 Belle et rare.

3528—3529 — *Roupies* fr. à **Barhanpour** an 48 mois „*Mihr*" Br. Mus. pl. VI n. 241 b.c. et n. 3529 de l'an 49 mois „*Bahman*", tout autre type du revers 2 ps. belles.

3530 — *Roupies* fr. à **Dewal** mois „*Khourdad*" L. White King Novelties pl. XI n. 6 t.b.c. Rare.

3531 — *Roupie* fr. à **Bairat** petit module, avec le mois „*Mhir*" et un pigeon sous se mot. t.b.c. rare.

3532 — *Roupie* fr. à **Barhanpour**, le champ orné de fleurs. Belle et rare.

3533 — *Roupie* carrée avec dates de l'hégire. Belle pièce avec la date 983 (la plus ancienne) L. White King Novelties pl. XI n. 5. Rare.

3534—3535 — *Roupies* carrées fr. à **Fathpour** an 986 et 988? Br. Mus. n. 124 et 136. 2 ps. t.b.c.

3536 — Trois *Roupies* carrées de 996, 997 et 998 type Br. Mus. pl. VII 122, (n. 146 et 148). 3 ps. t.b.c.

3537—3538 — *Roupie* carrée au même type de 999 Br. Mus n. 145 et 3538 de l'an 1000 fr. au Camp de **Ordou Zafar-Karin**. Br. Mus. pl. IV n. 151 belle. 2 ps.

3539—3540 — *Roupie* carrée comme n. 2538 a.b.c. n. 3540 fr. à **Bengala** an 1008. Voir Lahore Museum page. 245 n. 1. t.b.c. 2 ps.

3541 — *Roupie* carrée sans date fr. à **Bengala** comme n. 3540 t.b.c.

3542—3543 — *Roupies* carrées avec dates Ilahi sans atelier an 32 Br. Mus n. 180 n. 3543 de l'an 37 mois „*Ardibihist*" comp. Br. Mus 185 2 ps. t.b.c.

3544—3545 — *Roupies* pareilles fr. à **Ahmedabat** an 38 mois „*Aban*" n. 354 5 fr. à **Delhi** an 42 mois „*Khourdad*" 2 ps. t.b.c.

3546 — *Roupie* carrée an 43, variété du Lahore Museum n. 138 avec autre date et le Kalima; t.b.c. rare.

3547 — *Roupie* carrée fr. à **Moultan** an 4?, mois „*Ardibihist*" t.b.c. rare.

3548—3549 — *Roupies* carrées fr. à **Tatta** en 45 mois „*Shariwar*" et 3549 avec le mois „*Farwardin*" belle, 2 ps.

3550 — *Demie Roupie* ronde, date Ilahi 46, fr. à **Kaboul** mois „*Di*" Br. Mus 231 t.b.c.

3551 — Même pièce, an 47 fr. à **Agrah** avec „*Darb*" mois „*Di*" cartouches ornementés. L. White King Novelties pl. XI n. 8 belle et extr. rare.

3552—3554 — *Demi Roupie*, même type, fr. à **Lahore** an 48 mois „*Di*" b.c. n. 3553 fr. à **Kaboul** an 48 mois „*Azur*" t.b.c. n. 3554 fr. à **Lahore** an 50 mois „*Mihr*" type du n. 3551 t.b.c. 3 ps.

3555—3558 — 1/4 *Roupie* fr. à **Ahmedabad** an 41 n. 3556 fr. à **Lahore** an 42 mois „*Azar*" n. 3557 1/4 *Roupie* avec nom et vers avec date de l'hégire et n. 3558 *Dasa* ou 1/10 *Roupie* avec „Ilahi" date 48? 4 pièces rares.

3559 — 1/2 *Roupie* carrée fr. à **Ujain**? an 987 Br. Mus. pl. IV n. 132. t.b.c. et rare.

3560 — 1/2 *Roupie* fr. à **Bengala** an 1009 mois „*Farwardin*". Belle et rare.

3561 — 1/4 *Roupie* fr. à **Ordou** an 1000. („*Alaf*") Lahore Museum n. 124. Belle et rare.

3562—3564 — 1/8 *Roupie* carrée an 40, mois „*Aban*", n. 3563 1/8 *Roupie* fr. à **Lahore** an 41, n. 3564 *Dasa* an 39 mois „*Khourdad*". 3 ps. b.c. rares.

3565 — *Dam* fr. à **Narnol** an 962 (an avant l' inauguration d' Akbar) Ae. t.b.c. Extr. rare.

3566 — *Deux Dams* fr. à **Narnol** an 963 Br. Mus. pl. VII n. 255 et an 970 Ae. 2 ps. t.b.c.

3567 — *Dam* fr. à **Narnol** an 963 Br. Mus. pl. VII n. 255 et *Dam* de 964 fr. à **Mohammadabad** an 964, bande au revers avec noeud au milieu, rare, 2 ps. Ae. t.b.c.

3568 — *Dam* pareil de 964 sans noeud, et Dam pareil de 970 avec „*Dar uz zarb*" et ✿ comme marque 2 ps. rares. Ae. t.b.c.

3569 — *Dam* de 967 fr. à **Hisar Firozah** Ae. t.b.c. rare.

3570 — *Dam* de 967 fr. à **Maughir**. avec Swastika comme marque. Belle et extrêmement rare. L. White King novelties pl. XI n. 9.

3571 — *Dam* de 968 fr. à **Kanauj** avec ◁+▷ comme marque. Belle et extr. rare.

3572 — Trois *Dams* fr. à **Agrah** de 96?, 978 et 988. 3 ps. Ae. t.b.c.

3573—3576 — *Dam* fr. à **Alwar** an 973 rare, n. 3574 *Dam* fr. à **Bahraich** an 97? rare. n. 3575. *Dam* fr. à **Lahore** avec „*Dar us Sultanat*" an 978 et n. 3576 *Dam* fr. à **Bairat** an 977 belle et rare. Ae. 4 pièces.

3577—3578 — *Dam* fr. à **Lahore** 978 avec „*Dar us Sultanat*" „*Fitarikh*" et 3578 *Dam* pareil avec ₒ°ₒ comme marque. **Ae.** 2 ps. t.b.c.

3579 — Quatre *Dams* fr. à **Amir** de 979 t.b.c., 981 b.c., 995 b.c., et 997 a.b.c., 4 pièces Ae.

3580 — *Dam* fr. à **Jaunpour** an 980 avec „*Dar ul Kilafa*" Ae. t.b.c. rare.

3581 — *Dam* fr. à **Akbarpour** an 982 ⊕ au revers. Ae. beau, rare.

3582 — Quatre *Dams* fr. à **Fatehpour** an 982, 986 (2 var.) et 988 4 ps. Ae. t.b.c.

3583 — Quatre *Dams* fr. **Ahmedabad** avec bande perlée, de 982 (2 var.) 984 et 986. Br. Mus. pl. VII n. 261 4 ps. Ae. t.b.c.

3584—3586 *Dam* fr. à **Ahmedabad** an 98? Br. Mus. n. 269 avec ⊗ comme marque, n. 3585 fr. à **Lucknow** an 984 et n. 3586 de l'an 985, 3 ps. Ae. t.b.c.

3587 — *Dam* fr. à **Lucknow** (*Dar ul Khilafa*) an 1000 avec „*allah akbar*", marque ⅋ Ae. Beau et inédit. fort rare.

3588 — *Dam* fr. à **Madankot** an 985, marque ⊛, atelier inconnu. Ae. t.b.c. fort rare.

3589 — *Dam* fr. à **Gorakpour** an 985 même marque. Ae. beau et fort rare.

3590 — *Dam* du même atelier de 986. Ae. Beau et rare.

3591—3592 — *Dam* de **Malpour** de 985 et n. 3592 *Dam* d' **Ujain** an 986. 2 ps. Ae. t.b.c. rares.

3593 — *Dam* de **Dogam** an 986 avec „*Dar ul Khilafa*" comp. Br. Mus. pl. VII n. 263. Beau et fort rare.

3594 — *Dam* de **Patnah** („*Dar us zarb*") de 987. L. White King Novelties pl. XI n. 10 Ae. Beau et extr. rare.

3595 — *Dam* de **Mirath** an 987. Beau et rare.

3596 — Deux *Dams* fr. à **Dogam** de 98? dates indistinctes, avec „*Dar us Salam*" 2 ps. Ae. t.b.c.

3597 — Deux *Dams*, fr. à **Dogam** de 993, et de 1001 inédit, avec „*allah Akbar*" et la date en lettres, rare, 2 ps. Ae. t.b.c.

3598 — Deux *Dams* fr. à **Delhi** („*Hazrat*") de 987 marque ⅄, 2 ps. variées Ae. t.b.c.

3599—3600 — *Dam* inédit fr. à *Sirhind* an 987 en lettres et chiffres. n. 3600 *Dam* de 987 fr. à **Baldat**. 2 ps. rares Ae. t.b.c.

3601—3603 — *Dam* de 988 fr. à **Baldat**, n. 3602 de **Shirpour** date 98? n. 3603 fr. à **Bhakkar** an 98? Ae. 3 ps. rares t.b.c.

3604—3606 — *Dam* fr. à **Chitaur** avec date en lettres et chiffres, an 1001, n. 3605 *Dam* pareil de 1005, n. 3606 *Dam* fr. à **Kiratbour** fort rare. Ae. 3 ps. rares b.c. et t.b.c.

3607 — *Dam* fr. à **Burhanabad** an 1001, (frappé à la conquête de Barhanpour par Akbar) la date en lettres. Ae. t.b.c. rare.

3608 — Deux *Dams* variés fr. à **Ordu** („Zafar Karin") an 1000 t.b.c.

3609 — *Dam* sans date avec „*Zarbi Falus*" et ✕ comme marque, et *Dam* avec Swastika et Kalima, comp. L. White King. Novelties pl. XI n. 9. 2 ps. rares. Ae. a.b.c.

Dams avec Ilahi dates.

3610 — *Dam* fr. à **Sambkal** an 31 mois „*Isfandyār*". Ae. t.b.c. rare.

3611—3614 — *Dam* fr. à **Allàhàbàd** an 31. Br. Mus. pl. VII n. 273*a* rare. b.c. n. 3612 fr. à **Lahore** an 31 mois „*Di*" et 3613, fr. à **Lahore** an 40 mois „*Azur*", t.b.c. n. 3614 fr. à **Patnah**, an 37 mois, „*Bahman*", rare a.b.c. 4 ps. Ae.

3615 — Trois *Dams* fr. à **Multan** an 37 mois „*Bahman*" an 38 mois „*Khurdad*" et „*Tir*". Ae. 3 ps. t.b.c.

3616 — Six *Dams* fr. dans le camp. **d'Ordu** („*Zafar Karīn*") an 37, 38, 39, 40, 41 et 46. 6 ps. Ae. t.b.c.

3617 — *Dam* fr. à **Gwalior** an 38, mois „*Farwardin*". Ae. t.b.c. rare.

3618 — Deux *Dams* fr. à **Saharanpour** an 38, mois „*Ardibihist*" et an 39, mois „*Khurdad*". Ae. 2 ps. t.b.c.

3619 — Deux *Dams* fr. à **Delhi** an 38, mois „*Farwardin*", an 48, mois „*Ardibihist*". 2 ps. Ae. t.b.c.

3620 — *Dam* fr. à **Ahmedabad** an 39 avec bande perlée, mois „*Azur*" et *Dam* de **Sirhind** an 41, mois „*Tir*", belle et rare. Ae. 2 ps.

3621 — Deux *Dams* fr. à **Khairpour** an 45 l'un au mois „*Di*" 2 ps. rares. Ae. t.b.c.

3622—3624 — *Dam* fr. à **Srinagar** an 46, mois „*Isfandyar*" t.b.c. n. 3623 *Dam* fr. à **Burhanpour** an 47, mois „*Tir*" b.c. n. 3624 *Dam* fr. a **Sirsa** (Benares) an 48, mois „*Azur*", b.c. Ae. 3 ps. rares.

3625—3627 — *Dam* fr. à **Atak Benares** an 4? mois „*Farwardin*", rare t.b.c. n. 3626 *Dam* fr. à **Gobindpour** mois „*Ardibihist*" rare a.b.c. n. 3627 *Dam* fr. à **Kalanaur** an 3?, mois „*Shariwar*" t.b.c., fort rare. Ae. 3 ps.

Les Tankahs et ses divisions.

3628 — *Tankah* fr. à **Agrah** an 44, mois „*Ardibihist*" m.m. 32 gr. 41. Ae. t.b.c. rare.

3629 — *Tankah* fr. à **Ahmedabad** an 46, mois „*Ardibihist*" m.m. 26 gr. 41. Ae. t.b.c. rare.

3630 — $^1/_2$ *Tankah* (*Dam*) fr. à **Delhi** an 42, mois „*Amardad*", gr. 20.5. Ae. t.b.c.

3631—3635 — Cinq *Demi Tankahs* de l'an 44, **Ahmedabed** mois „*Aban*", t.b.c. n. 3632 **Bairat** mois „*Tir*" t.b.c. rare, n. 3633 **Agrah** mois „*Tir*" t.b.c. n. 3634, **Agrah** mois „*Khurdad*" n. 3635 **Adogam** mois „*Ardibihist*", a.b.c. rare (presque toujours cet atelier est écrit Dogam). 5 ps. Ae.

3636 — $^1/_2$ *Tankah* fr. à **Kaboul** an 45 Ae. t.b.c. **Unique.**

3637—3638 — $^1/_2$ *Tankah* fr. à **Gobindpour** an 46, mois „*Ardibihist*" t.b.c. rare, n. 3638 $^1/_2$ *Tankah* fr. à **Ahmedabad** an 4?, mois „*Shariwar*" Ae. t.b.c. 2 ps.

3639—3643 — $^1/_4$ *Tankah* **Ahmedabad** an 40 b.c. 3640 **Agrah** an 41, mois „*Ardibihist*" t.b.c. n. 3641 an 45 a.b.c. n. 3642, sans nom an 45, mois „*Aban*" t.b.c. n. 3643 **Ahmedabad** mois „*Isfandyar*" b.c. Ae. 5 ps. rares.

3644 — $^1/_8$ *Tankah* carré fr. à **Bairat** an 39 comp. Rodgers pl. VIII n. 84. Extr. rare. Ae. t.b.c.

3645—3646 — $^1/_8$ *Tankah* fr. à **Agrah** an 44, mois „*Tir*" beau et rare n. 3646, fr. à **Ahmedabad** mois „*Tir*" t.b.c. rare. Ae. 2 ps.

3647 — **Ahmedabad** $^1/_8$ *Tankah* du mois „*Bahman*" a.b.c. et $^1/_{16}$ *Tankah* an 42. Beau et rare. Ae. 2 ps.

3648 — *Chu* (4) *Tanki* an 49, mois „*Mihr*". Ae. gr. 16 b.c. et même pièce de l'an 3?, mois „*Di*" gr. 15 b.c. 2 pièces rares.

3649 — *Do* (2) *Tanki*, d' **Agrah** an 46 et 47, mois „*Di*" et „*Mihr*". Ae. 2 ps. belles et rares.

3650—3653 — *Do Tanki* d'**Ahmedabad** an 48 et n. 3651 avec date indistincte, mois „*Ardibihist*", n. 3652 *Do Tanki* de **Lahore** mois „*Azur*" n. 3653. *Talk Tankah* de **Kaboul** an 46, mois „*Isfandyar*". Ae. 4 ps. fort rares.

Monnaies de cuivre de valeur variée.

3654—3658 — $^1/_2$ *Dam* de **Hissar Firozah** an 965 t.b.c. n. 3655 de **Khitta i Kalpi** de 966 t.b.c. n. 3656 de 966 avec le Kalima au revers, pièce unique L. White King Novelties. n. 47 a.b.c. n. 3657 avec Swastika comme marque, beau. n. 3658 fr. à **Fatehpour** an 987. Ae. 5 pièces rares.

3659 — ¹/₂ *Dam* fr. à **Dogam** avec „*Dar ul Khilafa*" et autre avec „*Dar us Salam*", les dates indistinctes. 2 ps. Ae. b.c. rares

3660—3665 — ¹/₂ *Dam* fr. à **Bahraich** an 9? rare, b.c. n. 3661 fr. à **Dogam** an 1003 avec „*Falus i Dogam*" t.b.c. n. 3662 **Barhanabad** an 1001 avec „*Dar us Sultanat*" frappé pendant la 1ᵉʳᵉ conquête de Barhanpour, n. 3663 fr. à **Kaboul** avec Ilahidate 32 t.b.c.; n. 3664 avec Ilahidate 33 t.b.c.; n. 3665 fr. à **Gorakpour** mois „*Khurdad*" le champ orné de fleurs. t.b.c. Ae. 6 pièces, plusieurs rares.

3666 — *Nisfi* (¹/₂ Tankah ou Dam) fr. à **Kilá Gwalior** (la forteresse) an 967 la date en lettres et chiffres ✳ comme marque, m.m. 23, gr. 20. Ae. t.b.c. Extr. rare.

3667 — *Nisfi* grande étoile dans le champ, au revers la valeur dans un grènetis, m.m. 19, gr. 10. Ae. t.b.c. Extr. rare.

3668—3672 — ¹/₄ *Dam* fr. à **Dogam** date indistincte. b.c. n. 3669 *Damri* (¹/₈ *Dam*) fr. à **Jaunpour** an 989 date en lettres et chiffres t.b.c. extr. rare. n. 3670 *Falus* fr. à **Akbarnagor** an 994, valeur et atelier dans des cartouches. n. 3671 *Damri* fr. à **Fatehpour** b.c. et n. 3672 fr. à **Ordu Zafar Karin** avec „*Zarbi falus*" 5 pièces Ae.

3673 — Deux *Falus* variés de **Ordu Zafar Karin** m.m. 18 et *Damra* de l'an 33 rare. *Damra* (¹/₄ Dam) de **Lahore** an 43. Ae. 4 ps. t.b.c. et rares.

3674—3677 — *Damri* an 966, n. 3675 *Damri* fr. à **Narnol** an 964, n. 3676 fr. à Lahore an 38 la date en lettres, a.b.c., n. 3677 fr. à **Delhi** an 97? Ae. 4 ps. rares.

3678 — *Damri* fr. à **Srinagar** avec bande au centre noeud, pièce intéressante L. White King Novelties n. 9. Ae. a.b.c. fort rare.

3679 — Monnaie carrée avec la date 995 en lettres et chiffres fr. à **Ujain** émise après la conquête de **Malwa**. L. White King Novelties n. 12. Ae. t.b.c. fort rare.

3680 — *Monnaie carrée* pareille, type de Malwa avec le Kalima au revers. Novelties n. 13. Ae. t.b.c. fort rare.

3681 — *Monnaie carrée* au même **Malwa** type. Ae. belle et rare.

Monnaies de Jehangir Schah 1014—1037 = a.d. 1605—1627.

3682 — *Mohur* fr. à **Lahore** an 1015. ۱۱۹ Or. gr. 13. Br. Mus pl. VIII n. 291, d'une beauté excessive et extrêmement rare.

3683 — *Mohur* carré fr. à **Lahore** an 1015. Br. Mus. pl. VIII n. 294 seulement ۱۱۹ Or. Superbe et rare.

3684 **Jehangir** — *Mohur* avec le roi Jehangir assis sur un trône, les jambes croisées, tourné à gauche et nimbé, tenant dans la main droite un gobelet à vin, frappé à **Ajmir** an 1023. Rev. légende en quatre compartiments, au centre soleil. Br. Mus. pl. IX n. 31, avec trace de monture. Or t.b.c. et extr. rare. *Voir la reproduction.*

Série de Monnaies aux signes du Zodiaque.

3685 — *Mohur* au „Taurus". fr. à **Agrah** an 1028 au droit Zébu à gauche entouré de rayons. Rev. légende. Br. Mus. pl. X n. 324. Or. t.b.c. et rare.
Voir la reproduction du droit.

3686 — *Mohur* aux „Pisces" fr. à **Agrah** an 1028. Deux poissons superposés entourés de rayons. Br. Mus. pl. X n. 358. Or. superbe et rare.
Voir la reproduction du droit.

3687 — *Mohur* au „Cancer" fr. à **Agrah** an 1029. Crabbe de face surmonté d'un soleil rayonnant, dessous lo (an 15), Br. Mus. pl. X n. 333a. Or. Beau et rare.
Voir la reproduction du droit.

3688 — *Mohur* au „Aries". Bélier couché, à. g. surmonté d'un soleil rayonnant fr. à **Agrah** an 1030. Br. Mus. pl. X n. 323. Or. Beau et rare.
Voir la reproduction du droit.

3689 — *Mohur* au „Sagittarius" fr. à **Agrah** an 1031. Centaure à gauche tirant de l'arc et se tournant à dr. entouré de rayons. Br. Mus. pl. X n. 348. Beau et rare.
Voir la reproduction du droit.

3690 — *Mohur* au „Capricornus". fr. à **Agrah** an 1033, Capricorne mystique couché à g. entouré de rayons. Br. Mus pl. X n. 353. Beau et rare.
Voir la reproduction du droit.

3691 — *Roupie* aux „Gemini" fr. à **Kaschmir** an 15, Les Jumeaux debouts s'embrassant et entourés de rayons. L. White King Novelties n. 15 a.b.c. Rare.

C'est la seule Roupie connue de la Série Zodiacale fr. à Kaschmir, aussi on ne connait des Roupies de ce type en argent, seulement dans le Catalogue du Br. Mus est gravée une imitation d'une demie Roupie.

3692 — *Roupie* aux „Gemini" fr. à **Ahmedabad** an 1027, les Jumeaux assis s'embrassant. Br. Mus. pl. X n. 369. Belle et rare.

3693 — *Roupie* pareille, avec 1027 a.b.c. rare.

3694 — *Roupie* aux „Pisces" fr. à **Ahmedabad** an 1026, type du *Mohur* n. 3686. Br. Mus. pl. X n. 358. *Seul exemplaire connu*, t.b.c.

3695 — *Roupie* au „Leo" fr. à **Ahmedabad** an 1027, Lion à g. derrière lui le Soleil, sous le lion ضرب سلمان ١٢٧ Br. Mus. n. 372. Ae t.b.c. rare.

3696 — *Roupie* pareille avec an 14, a.b.c. rare.

3697 — *Roupie* au „Cancer", fr. à **Ahmedabad** an 1027, Crabbe surmonté du soleil. Br. Mus. pl. n. 370. t.b.c. rare.

3698 — Même Roupie, b.c. rare.

3699 — *Roupie* au „Taurus" fr. à **Ahmedabad** an 1027, partie antérieure d'un taureau agenouillé à dr., dessus le soleil. Br. Mus. pl. XI n. 364, t.b.c. rare.

3700 — *Roupie* au „Taurus" fr. à **Agrah** an 1030 avec le *Zébu* debout à dr. entouré de rayons. Br. Mus. X n. 327. Belle et rare.

3701 — *Roupie* au „Aries" fr. à **Ahmedabad** an 13, Bélier à g. Br. Mus. pl. XI n. 362 t.b.c. rare.

3702 — *Roupie* pareille an 1027. Belle et rare.

3703 — *Roupie* pareille an 1032, a.b.c. rare.

3703*a* — *Roupie* de **Jehangir** comme **Viceroi** fr. à **Ahmedabad** an 2 au nom de **Selim** avec le titre „*mālik ul mulk* t.b.c. rare.

3703*b* — *Roupie* pareille avec l'an Ilahi 5, mois „*Di*". Belle et fort rare. Manque au Br. Mus.

3704 — *Roupie carrée* fr. à **Lahore** an 1015. Br. Mus pl. XII n. 415. Belle et rare.

3705 — *Roupie* carrée **Lahore** an 1020 avec mois „*Ardibihist*". Belle et rare.

3706 — *Roupie* carrée fr. à **Agrah** 1021, mois „*tir*" comp. Br. Mus. pl. XIII n. 442 t.b.c. rare.

3707 — *Roupie* carrée fr. à **Agrah** 1026, mois „*Ardibihist*" comp. Br. Mus. n. 464 t.b.c. rare.

Roupies de forme ronde avec l'invocation.

3708 **Jehangir** — *Roupie* fr. à **Patnah** 1014. Br. Mus. pl. XII n.
413. Voir le Mohur n. 3682. Belle et rare.

3709—3711 — *Roupie* de 1016 fr. à **Ahmedabad**. Br. Mus. 417.
t.b.c. n. 3710 *Roupie* de 1016 fr. à **Agrah** b.c. n. 3711 *Roupie*
fr. à **Barhanpour** an 4. b.c. 3 pièces rares.

3712—3713 — *Roupie* fr. à **Delhi** b.c. n. 3713 *Roupie* petit module
fr. à **Ahmednagar**, belle, 2 pièces rares.

Roupies rondes avec Couplet.

3714 — *Roupie* fr. à **Agrah** an 4, m.m. 26 gr. 14.2. Belle et rare.

3715 — *Roupie* de 1018 fr. à **Kaboul**, m.m. 26 gr. 14.2 t.b.c.
fort rare.

3716 — *Roupie* de 1018 fr. à **Lahore**, m.m. 26 gr. 14.2 t.b.c. rare.

3717 — *Roupie* de 1019 fr. à **Lahore**. Br. Mus pl. XII avec le
mois „*Bahman*" m.m. 25. gr. 14.3. Belle et rare.

3718 — *Roupies* **Lahore** an 5. m.m. 25 b.c. et 1029 m.m. 27
t.b.c. 2 pièces.

3719 — *Roupies* fr. à **Ahmedabad** an 1019, m.m. 22 gr. 14.2
belle et rare et an 1034 m.m. 22 gr. 11.4 t.b.c. 2 pièces.

3720 — *Roupie* de 1020 fr. à **Kaschmir** t.b.c.

3721—3722 — *Roupies* fr. à **Kandahar** an 1022. Br. Mus. n. 450
t.b.c. rare et 3722 an 14 autre type, couplet „*Sikkah i Kandahar, Shud dilkhnáh*" — „*az Jehangir Shahi akbar Shah*",
b c. 2 pièces rares.

3723 — *Roupie* fr. à **Ajmir** an 1024, pièce fort intéressante fr.
après la conquête d' Udaipour, avec couplet inconnu „*Bäh
zar zad Sikkah fateh dar Ajmir*". „*Shah in Shah ibn i
Akbar Jehangir Shah*". L. White King Novelties. n. 14
t.b.c. **Unique**.

3724 — *Roupie* fr. à **Barhanpour**. Lahore Museum n. 161 t.b.c. rare.

3725 — *Roupie* fr. à **Akbarnagar**, marque rose avec couplet inconnu.
„*Sikkah zad dar Akbarnagur Shahi gardun i Bargáh*". „*Nur
eddin Jehangir Shah bin Akbar Badshah*", t.b.c. Extr. rare.

3726 — *Roupie*, atelier incertain, avec un couplet inconnu, t.b.c. rare.

Monnaies avec des mois Ilahi.

3727—3728 **Jehangir** — *Roupie* fr. à **Patnah** an 1023, mois „*Azur*" a.b.c. n. 3728 *Roupie* fr. à **Kandahar** an 9, mois „*Shariwar*" t.b.c. 2 pièces. —

3729—3730 — *Roupie* fr. à **Kandahar** an 9, mois „*Ardibihist*" t.b.c. n. 3730 an 10, mois „*Mihr*" belle, 2 ps.

3731—3733 — *Roupie* fr. à **Lahore** an 6, mois „*Aban*" légendes dans des cartouches ornés, comp. Br. Mus. pl. XII n. 455 t.b.c. n. 3732 même pièce avec le mois „*Amurdad*" belle, n. 3733, même atelier an 10, mois „*Bahman*" b.c. 3 ps.

3734 — *Roupie* fr. à **Jehangirnagar** an 1025, mois „*Ardibishist*" rare, a.b c.

3735 — *Roupie* fr. à **Kattak** an 1027, mois „*mihr*" légende inédite „*Abadan Bad Bakah Shāhī*. Belle et extr. rare.

3736—3739 — *Roupie* fr. à **Tattah** mois „*Aban*" an 13, t.b.c. n. 3737 fr. à **Kaboul** an 1029, mois „*Aban*" t.b.c. rare, fr. à **Delhi** an 1034, mois „*Farwardin*" t.b.c. rare, n. 3739 fr. à **Barhanpour** an 20, mois *Ardibihist*. t.b.c. 4 ps. intéressantes.

Monnaies divisionaires.

3740 — 1/2 *Roupie* fr. à **Kaboul** an 1014, belle et rare.

3741 — 1/2 *Roupie* fr. à **Ahmedabad** an 6, belle et rare.

3742—3744 — 1/2 *Roupie* fr. à **Barhanpour**, rare a.b.c., n. 3743 1/2 *Roupie*, sans atelier avec invocation, le champ à décor floral, belle et rare, n. 3744 1/4 *Roupie* de 1026 avec invocation, belle et rare, 3 pièces rares.

3745 — 1/8 *Roupie Nisar* de 1013 an 13 avec „*Khair i Kaboul*" m.m. 8 gr. 1.1, L. White King Novelties n. 18. t.b.c. Extr. rare.

3746 — 1/8 *Roupie Nisar*, carrée, fr. à **Khitta Kaschmir**, t.b.c. et fort rare.

3747 — 2 *Annas* fr. à **Patnah** an Ilahi 19, mois „*Bahman*" t.b.c. rare.

3748 — 1/8 *Roupie* fr. à **Agrah** an 1036 avec „*Padschah Ghazi*" type inconnu. L. White King Novelties n. 19, pl. XI n. 12. Belle et extr. rare.

3749 — 1/16 *Roupie*" fr. à **Surat** an 19. Belle et rare.

Monnaies de Cuivre de valeur variée.

3750 — *Ravani* fr. à **Ajmir** an 1014. L. White King Novelties
n. 48. Belle. **Unique**.

3751 — *Ravani* ou *Dam* fr. à **Ahmedabad** an 1016, a.b.c. rare.

3752 — *Ravani* fr. à **Agrah** an 1020, t.b.c. rare.

3753 — *Ravani* fr. à **Agrah** an 1021, m.m. 23 gr. 23 t.b.c. rare.

3754 — *Ravani* fr. à **Bairat** an 1021, m.m. 20 gr. 21 t.b.c. fort rare.

3755 — *Ravani* fr. à **Kandahar** an 1022 avec „*Fulus i Kandahar
Rawan Shad*" t.b.c. fort rare.

3756 — *Jehangiri* fr. à **Agrah** an 1022, m.m. 27 gr. 19.5 t.b.c. rare.

3757 — *Falus* ou *Dam* même date et atelier, m.m. 25 gr. 20 t.b.c.

3758 — *Dam* fr. à **Surat** an 1028 b.c. fort rare.

3759 — *Dam* fr. à **Odeypour**, a.b.c. **Unique**.

3760—3763 — **Agrah** *Ray* an 4 (1018) gr. 6, n. 3761. *Ray* an
1019 gr. 6, n. 3762. *Ray* an 1020 gr. 5.2 et n. 3763. *Ray*
an 1021 gr. 5. 4 ps. t.b.c. et rares.

3764—3765 — **Delhi** *Ray* de 1020 gr. 5 type et pièce inédite,
t.b.c. n. 3765 *Nim Ray* ($^1/_2$ Ray) gr. 2.5 a.b.c. 2 ps. rares.

3766 — **Bairat** *Nim Ray* sans indication de valeur, gr. 2.5 b.c.
extr. rare.

Monnaies avec le nom de Nour-Jehan femme
de Jehangir.

3767 — *Roupie* fr. à **Surat** an 1034. Comp. Br. Mus. n. 514 t.b.c.

3768 — *Roupie* même date fr. à **Lahore**. Br. Mus. pl. XIV n. 516
t.b.c. fort rare.

3769 — *Roupie* de 1035 fr. à **Surat**. Br. Mus. n. 520. Comp. pl.
XIV n. 513 t.b.c.

3770 — *Roupie* de 1037 fr. à **Ahmedabad**. Br. Mus. 522. Belle et rare.

3771 — *Roupie* fr. à **Agrah** an 1037. Br. Mus. pl. XIV n. 523
t.b.c. rare.

3772 — $^1/_4$ *Roupie* fr. à **Agrah**, pièce fourrée. Belle et **Unique**.
L. White King qui à dècrit cette pièce Novelties n. 49 croit, que c'est une
contre-façon contemporaine, d'une pièce dont l'original est inconnu.

3773 — $^1/_{20}$ *Roupie Nisar* fr. à **Agrah** an 1022 avec „*Nour Afshan*"
L. White King Novelties n. 16 m.m. 8 gr. 0.5, t.b.c. extr. rare.

3774 — ¹/₂₀ *Roupie Nisar* pareille de l'an 1025, m.m. 8 gr. 0.6 L. White King Novelties n. 16. Belle et extr. rare.

3775 — ¹/₂₀ *Roupie Nisar*, fr. à **Lahore** an 1018. L. White King Novelties n. 17. m.m. 9 gr. 0.5 t.b.c. Extr. rare.

Schah Jehan 1037—1068 = a.d. 1628—1658.

3776 — *Roupie* de **Schah Jehan** en révolte contre son père fr. à **Surat** an 1, „*Sikkah Shah Jehan raijbad*". L. White King Novelties n. 21 b.c. rare.

3777 — Même pièce. a.b.c. rare.

3778 — *Mohur* comme Empereur, fr. à **Surat** an 2 (1038), mois „*Isfandiyar*" manque au Br. Mus. m.m. 24. Or. gr. 10.1 t.b.c. rare.

3779 — *Mohur* fr. à **Akbarabad** (Agrah) an 1045 les légendes dans des losanges entourés de 4 compartiments, manque au Br. Mus. type pl. XV n. 551 mais plus grand, m.m. 29 gr. 10.8. Beau et rare.

3780 — *Mohur* épais fr. à **Patnah** an 14 (1051), manque au Br. Mus. type pl. XV n. 563, m.m. 20 Or. gr. 10.9, beau et rare.

3781 — *Mohur* fr. à **Schajehanabad** (Delhi) an 1065, avec couplet, entourant la légende en cercles. Br. Mus. pl. X n. 568, m.m. 27, Or. g 10.8, t.b.c. fort rare.

3782 — *Mohur* carré, sans date ni lieu, Or. gr. 10.8. Beau et fort rare.

3783 — *Roupie* carrée an 1042, t.b.c. rare.

3784 — *Deux Roupies* carrées et variées, sans date ni lieu, le nom et l'invocation dans un carré, 2 pièces rares, b.c.

3785 — *Roupie* fr. à **Lahore** an 1039, mois „*Azur*" type Br. Mus. pl. XVI 584, belle.

3786 — *Roupie* de 1039 fr. à **Patnah**, mois „*Isfandyor*". Br. Mus. pl. XVI, 584 t.b.c.

3787 — *Roupie* **d'Allahabad** an 1040, mois „*Aban*" type Br. Mus. pl. XVI n. 606. Belle et fort rare.

3788 — *Roupie* de 1040 fr. à **Ahmedabad** mois „*Aban*", même type t.b.c.

3789—3790 — **Akbarābād** (Agrah) *Roupie* de 1038 avec „*Agrah*" Br. Mus. n. 581 t.b.c. et n. 3790 *Roupie* avec an 2 (1039) Br. Mus pl. XVI n. 588 b.c.

3791 **Schah Jehan. Akbarabad**. *Roupies* avec l'invocation dans un losange lobé an 1041, droit Br. Mus. pl. XVI n. 621 revers pl. XVII n. 625 t.b.c.

3792 — **Akbarabad**. *Roupie* même type de 1042. Br. Mus. pl. XVII 625 t.b.c.

3793 — **Akbarabad**. *Roupie* autre type l'invocation en seconde ligne. b.c. fort rare.

3794 — **Barhanpour**. *Roupie* de 1040. type Br. Mus. pl. XVI n. 588. t.b.c.

3795 — **Multan**. Deux *Roupies*, de l'an 1040 avec l'invocation dans un cercle, b.c. et de 1044 dans un carré, belle, 2 pièces.

3796 — **Ujain**. *Roupie* an 5, carré des deux côtés, type Br. Mus. pl. XVI n. 605 b.c.

3797—3799 — **Surat**. *Roupie* de 1042 Br. Mus. 618, n. t.b.c. 3798 de 1050 Br. Mus. pl. XVI n. 605 (de 1641), belle, n. 3799 de 1057, Br. Mus. pl. XVII n. 659 t.b.c. 3 ps.

3800—3801 — **Surat**. *Roupie* de 1064, Br. Mus. n. 605, n. 3801 de 1067 Br. Mus. n. 679 avec trace d'oeuillet, 2 ps. t.b.c.

3802—3804 — **Delhi**. *Roupie* de 1043, Br. Mus. n. 610 t.b.c. n. 3803 sans date même type t.b.c. n. 3804, même pièce b.c. 3 pièces.

3805 — **Shahjehanabad**. (Delhi) *Roupie* de 1066, couplet entourant la légende dans un cercle, de deux côtés. Br. Mus. pl. XVII n. 681 t.b.c. fort rare.

3806 — *Roupie* pareille de 1069. Br. Mus. pl. XVII n. 681. t.b.c. fort rare.

3807 — **Patan-Déo** (Dwarka). *Roupie* de 1047, carré des deux côtés. L. White King Novelties n. 20 pl. XI n. 13. b.c. Extr. rare.
Patan Déo a présent Dwarka est le célèbre lieu de pélerinage en Káthiawár n. 3807 Exempl. de la collection du Rev. Geo P. Taylor.

3808 — **Lahore**. *Roupie* de l'an 1047 type Br. Mus. pl. XVI 605 t.b.c. et *Roupie* pareille de l'an 29 (1066), b.c. 2 p.s.

3809 — **Bhakkar**. *Roupie* de l'an 13 (1049), Br. Mus. pl. XVII n. 634. Belle et rare.

3810—3812 — **Junagarh**. *Roupie* de 1051 (an 14), nom et invocation dans des carrés lobés, t.b.c. n. 3811 *Roupie* de 1057, légendes dans des carrés à noeud Br. Mus. pl. XVII n. 666, belle, n. 3812 de 1061 même type, b c. 3 pièces

3813—3814 — **Patnah**. *Roupie* de l'an 16 (1052), a.b.c. n. 3814 *Roupie* pareille de l'an 26. Br. Mus. n. 605, t.b.c. 2 ps.

3815 — **Daulatabad**. *Roupie* de 1056, Br. Mus. n. 657 t.b.c.

3816 — **Kandahar**. *Roupie* de 1056 an 20, var. de Br. Mus. n. 658 Belle et rare.

3817 **Schah Jehan. Bhilsa.** *Roupie* de 1064 manque au Br. Mus.,
type de pl. XVII n. 666, t.b.c. rare.

3818 — **Golconda.** *Roupie* sans date, seul exemplaire, seule émission
connue de ce roi. t.b.c. fort rare.

3819 — *Roupie* de l'an 1042 sans atelier, manque au Br. Mus.
Lahore Museum n. 25, t.b.c. rare.

3820 — *Roupie* inédite an 1054, sans atelier, entourage en forme
de chaine. Belle et rare.
Voir la reproduction.

3821—3823 — ¹/₂ *Roupie* fr. à **Akbarnagar** mois Ilahi „*Azur*"
t.b.c. n. 3821 ¹/₂ *Roupie* de 1043 légendes dans un carrée
t.b.c. n 3822 ¹/₂ Roupie fr. à **Surat** b.c. 3 pièces rares.

3824 — ¹/₂ *Roupie Nisar* fr. à **Akbarabad** an 1069, m.m. 29 gr.
5.6 t.b.c. *Unique.*
> Problablement la seule monnaie connue avec l'inscription „Nisar" frappée en
> piedfort. Les *Nisars* qui sont frappés pour faire des cadeaux ou pour dis-
> tribuer au peuple à propos de l'avénement ou du mariage d'un prince,
> sont presque toujours plus minces mais d'une gravure plus soignée.

3825 — ¹/₄ *Roupie Nisar* de 1051 (an 15) fr. à **Lahore**, gravure
soignée, m.m. 18 gr. 28, Manque au Br. Mus. t.b.c. et rare.

3826 — ¹/₄ *Roupie Nisar* fr. à **Schahjehanabad** avec le titre *Sāhib
i Kirān i Sāni*" m.m. 16 gr. 3.9. t.b.c. rare.

3827 — ¹/₄ *Roupie Nisar* fr. à **Schahjehanabad** an 1064, m.m.
19 gr. 2.8, t.b.c. fort rare.

3828 — ¹/₁₀ *Roupie Nisar* fr. à **Akbarabad** an 1040. L. White
King Novelties n. 24, m.m. 10 gr. 1.1, t.b.c. Extr. rare.

3829 ¹/₁₀ *Roupie Nisar* fr. à **Akbarabad** an 1062, L. White King
Novelties n. 22, m.m. 11 gr. 1.2, t.b.c. Extr. rare.

3830 — ¹/₁₆ *Roupie* de 1038 fr. à **Aurangnagar**. L. White King
Novelties n. 23, m.m. 9, gr. 0.7 b.c. **Unique.**
> C'est la première fois que cet atelier parait sur les monnaies mongoles.

3831 — **Bairat.** *Dam* de 1038, t.b.c. et *Dam* de 1065 b.c.
Ae. 2 ps. rares.

3832 — **Ahmedabad.** *Dam* de 103? avec le mois Ilahi „*Aban*",
t.b.c. extr. rare.

3833 — **Delhi.** *Dam* de 1045. b.c. **Unique.**

3834 — **Allahabad.** *Dam* de l'an 1048. Ae. t.b.c. **Unique.**

3835 — **Surat.** *Dam* an 28 (1064) Ae. t.b.c. rare.

3836 — **Lucknow.** *Fulus* avec „*Padschah Ghazi*" m.m. 20 gr. 7.2
Ae. t.b.c. rare et *Dam* même atelier, a.b.c.

3837—3839 — **Dogam**. $1/2$ *Dam* de 105? avec „*Fulus i Schahjehani" „Zarb i dogam Sam"*, n. 3838 $1/4$ *Dam* avec „*Fulus
Schahjehani Zarb i dogam Sam"*, n. 3839 $1/4$ *Dam* „*Fulus i
dogam Schahjehani"* 3 ps. rares Ae. t.b.c.

3840 — *Fulus* sans atelier ni date, avec nom et invocation, m.m.
21 gr. 9.2, t.b.c. rare.

3841 — **Akbarabad**. $1/8$ *Dam* 1044 avec „*Schahjehani Zarbi i Akbarabad"* b.c. et $1/8$ *Dam* an 1051 t.b.c. Ae. 2 pièces rares.

3842 — **Narnol**. *Damri* avec „*Falus i Schajehani Zarb i narnol"*
Ae. t.b.c. rare.

3843 — **Ujain**. *Falus* ($1/4$ Dam) carré, Ae. beau et rare.

Murad Baksh en révolte en Gujarat.

3843*a*— *Mohur* fr. à **Ahmedabad** an 1068. Br. Mus. pl. XVIII
n. 692. Or. Beau et extr. rare.

3843*b*— *Roupie* fr. à **Ahmedabad** même date et même type. Belle
et rare.

3843*c*— *Roupie* fr. à **Surat** an 1068. Br. Mus. pl. XVIII n. 696
t.b.c. rare.

3843*d*— *Roupie* fr. à **Kambay** même date. Br. Mus pl. XVIII n.
700. Belle et fort rare.

3843*e*— $1/2$ *Roupie* sans date, même type t.b.c. **Inédite, extr. rare.**

Aurangzeb (Alamgir I) 1069—1118 = a.d. 1659—1707.

3844 — *Mohur* fr. à **Aurangabad** an 1088. Br. Mus. pl. XVIII
n. 702. Or. Superbe et rare.

3845 — *Mohur* fr. à **Byanpour** (Dar uz Safar) an 1108. Br. Mus.
n. 717. Or. Beau et rare.

3846 — *Mohur* fr. à **Kulbargu** an 1109, Manque au Br. Mus, le
revers comme Br. Mus. pl. XVIII n. 719. Or. Beau et rare.
Voir la reproduction du droit.

3847 — **Shahjehanabad** (Delhi) *Roupie* de 1069 avec le „*Cho Badari
manir"* couplet Br. Mus. pl. XIX n. 743. t.b.c.. rare.

3848—3849 **Shahjehanabad**. *Roupie* de 1094 et no. 3849 *Roupie*
de 1104, type Br. Mus. n. 143, 2 ps. t.b.c.

3850 **Aurangzeb. Bandar i Mubarik** (le port du salut = Surat) *Roupie* de l'an 1 (1069) b.c. Extr. rare.

3851—3853 — **Surat.** *Roupie* de 1076 Br. Mus. 731 t.b.c. n. 3852 de 1079 avec deux feuilles et deux étoiles. var. de Br. Mus. 731 b.c. et n. 3853 de 1091 type Br. Mus. pl. XIX n. 762 t.b.c. 3 ps.

3854—3855 — **Surat.** *Roupie* de 1093 même type, n. 3855 *Roupie* de 1111 type de Br. Mus. pl. XIX n. 777. 2 ps. t.b.c.

3856 — **Karimabad.** *Roupie* an 3 (1071) b.c. manque au Br. Mus. Fort rare.

3857 — **Alamgupour.** *Roupie* au 5 (1073), couplet comme n. 3847, belle et rare.

3858—3860 — **Tatta.** *Roupie* an 8 (1076) a.b.c. n. 3859 *Roupie* de 1092 type de Br. Mus. n. 762. n. 3860 *Roupie* de 1105, manque au Br. Mus. belle, 3 ps.

3861—3864 — **Multan.** *Roupie* de 1077, type Br. Mus. pl. XIX n. 748, n. 3862 *Roupie* de 1094, type de Br. Mus. pl. XVIII n. 719, n. 3863, *Roupie* de 1095, type Br. Mus. pl. XIX n. 777 n. 3864 *Roupie* de 1100, même type. 4 pièces t.b.c.

3865 — **Zafarabad.** *Roupie* an 14 (1083), Br. Mus. pl. XX n. 808 t.b.c. rare.

3866—3868 — **Akbarabad** (Agrah). *Roupie* de 1085, Br. Mus. pl. XIX n. 733 avec titre „*Abul Mozaffir*", n. 3867 *Roupie* de 1109 Br. Mus. n. 789, n. 3868 *Roupie* de 1126 Br. Mus. n. 834. 3 ps. belles.

3869 — **Golconda.** *Roupie* de 1069, frappée avant son avénement au trône, fabrique un peu barbare, avec trace d'oeuillet. t.b.c. rare.

3870—3871 — **Golconda.** *Roupie* an 19 (1087) t.b.c. rare. n. 3871 *Roupie* an 30 (1098), étoiles dans le champ, a.b.c. 2 ps.

3872 — **Bhila.** *Roupie* an 21 (1089), atelier inconnu pour ce roi, b.c. rare.

3873 — **Akbarnagar.** *Roupie* an 22 (1089) petit module, couplet comme n. 3847 t.b.c. Rare.

3874 — **Kambay.** *Roupie* de 1090. Br. Mus. pl XX n. 821, belle.

3875 — **Ahmedabad.** *Roupie* de 1090, manque au Br. Mus. t.b.c. rare.

3876—3877 — **Junagarh.** *Roupie* de 1096, légende dans un grand carré, comp. Br. Mus. pl. XIX 734 Superbe, n. 3877 *Roupie* de 1113, type Br. Mus. n. 777 t.b.c. 2 ps.

3878—3879 — **Ettawa.** *Roupie* de 1098 type Br. Mus n. 777 petit module, n. 3879 *Roupie* de 1102 même type, grand module. 2 ps. b.c.

3880 — **Aurangabad.** *Roupie* de 1098, type Br. Mus. 777, b.c. rare.

3881 **Aurangzeb. Jaunpour.** *Roupie* de 1098, atelier inconnu pour ce règne. Belle et rare.

3882 — **Burhanpour.** *Roupie* an 30 (1098) type Br. Mus. pl. XVIII. 701 Belle.

3883 — **Moazimabad.** *Roupie* de 1099, atelier inconnu pour ce règne, type Br. Mus n. 777, belle et extr. rare.

3884 — **Narnol.** *Roupie* de 1101, Br. Mus. pl. XIX n. 777, t.b.c.

3885 — **Sambhar.** *Roupie* de 1101, atelier inconnu pour les Moghols dans le Saltmine Settlement, t.b.c. extr. rare.

3886 — **Zafarpour.** *Roupie* de 1099. Br. Mus. pl. XIX 781. Belle et rare.

3887—3888 — **Lahore.** *Roupie* de 1104 type Br. Mus. 1096, n. 3888 *Roupie* de 1112 Br. Mus. n. 830 2 ps. t.b.c.

3889—3892 — **Ajmir.** *Roupie* de 1106 Br. Mus. pl. XX n. 798, n. 3890 *Roupie* de 1113 même type, trace d'oeuillet, a b.c., n. 3891 *Roupie* de 1117 même type t.b.c., n. 3892 de 1118 même type t.b.c. 4 pièces.

3893 — **Islámábád.** *Roupie* de 1107, atelier nouveau, autrefois Chittagong. t.b.c.

3894 — **Kaboul.** *Roupie* de 1107. Br. Mus. pl. XIX n. 782 t.b.c.

3895 — **Allahabad.** *Roupie* de 1107, atelier nouveau pour ce règne. t.b.c. fort rare.

3896 — **Chinapatam.** *Roupie* an 39 (1107) Br. Mus. pl. XX n. 788. Belle et rare.

3897—3898 — **Sirhind.** *Roupie* de 1108, manque au Br. Mus, t.b.c. rare. n. 3898 Même pièce, t.b.c. rare.

3899 — **Jehangárnagar.** *Roupie* de 1110. Br. Mus. pl. XX n. 809, belle et rare.

3900 — **Gulbarga.** *Roupie* de 111, type Br. Mus. pl. XIX n. 748 t.b.c. rare.

3901—3902 — **Byapour.** *Roupie* de 1112 avec „ *Dar us Zafar*" comp. Br. Mus. n. 806 t.b.c. n. 3902 *Roupie* sans date a.b.c. 2 ps.

3903 — **Khairnagar.** *Roupie* an 44 (1111), atelier nouveau, t.b.c. Inédite, extr. rare.

3904 — **Barelli.** *Roupie* de 1113 (an 46), var. de Br. Mus. n. 826, t.b.c.

3905 — **Hyderabad.** *Roupie* de 1114, manque au Br. Mus. Lahore Museum n. 85, t.b.c. fort rare.

3906 — **Ahsanabad.** *Roupie* de 1115, atelier manquant au Br. Mus. t.b.c. fort rare.

Cette Roupie est gravée dans L. White King Novelties n. 26 pl. XII n. 1, qui croit que c'est un autre nom pour Kulburga.

3907 **Aurangzeb. Lucknow.** *Roupie* an 49 (1116), trace d'oeuillet, b.c. rare.

3908 — **Animabad.** *Roupie* de 1117 atelier manquant au Br. Mus. Belle et extr. rare.

3909 — **Mylapour** (quartier de la ville de Madras) *Roupie* de 1118 (an 51) atelier inconnu. L. White King Novelties, n. 25 pl. XI n. 15 t.b,c. extr. rare.

3910 — **Sholapour.** *Roupie* de 1118, atelier se rencontrant rarement, t.b.c. rare.

3911 — **Surat.** $^1/_2$ *Roupie* de 1089. Belle et rare.

3912 — **Golconda.** $^1/_2$ *Roupie* an 30 (1098), t.b.c. rare.

3913 — **Kambay.** $^1/_2$ *Roupie* de 1110. Br. Mus. pl. XX n. 821. Belle et rare.

3914—1915 — **Shahjehanabad.** $^1/_4$ *Roupie* de 1077 t.b.c. n. 3915. $^1/_4$ *Roupie Nisar* de 1078 t.b.c. 2 pièces rares.

3916 — Même atelier $^1/_4$ *Roupie* de 1079. Lahore Museum n. 103, t.b.c. rare.

3917 — Même atelier $^1/_4$ *Roupie* de 1090 avec la lég. „*a Dirham i Sahri*" t b.c. **Unique.**

3918 — **Akbarabad.** *Dirham i Shari* an 110? t.b.c. Extr. rare.

3919 — **Multan.** *Dirham i Shari* carré de 1094, L. White King Novelties n. 27 pl. XII n. 2, t.b.c. **Unique.**

3920 — **Akbarabad.** $^1/_{16}$ *Roupie Nisar* de 1077, White King Novelties n. 28. gr. 0.7. t.b.c. Extr. rare.

3921 — Même atelier $^1/_{16}$ *Roupie Nisar* an 32 (1100) avec le titre „*Mustakirr ul Khilafa*" gr. 0.7. Belle et extr. rare.

3922 — **Byapour.** *Anna* ($^1/_{16}$ Roupie Nisar), t.b.c. extr. rare.

3923 — **Akbarabad.** $^1/_{24}$ *Roupie Nisar.* L. White King Novelties. n. 29 gr. 0.5. t.b.c. Extr. rare.

3924 — **Akbarabad.** $^1/_{36}$ *Roupie Nisar,* L. White King Novelties n. 30. t.b.c. Extr. rare.

Monnaies de Cuivre.

3925 — *Falus* fr. à **Shahjehanabad** an 1068, avec „*Falus i Alamgir*" m.m. 21. gr · ps. 7, t.b.c. rare.

3926 — **Shahjehanabad.** *Falus* de l'an 3 (1071), de 1073 et de 1080. 3 ps. t.b.c.

3927 — Même atelier. *Fulus* de 1082 avec „*Fulus i mubarik San"*
Ae. t.b.c.

3928—3929 — **Narnol**. *Fulus* de 1068 b.c., n. 3929 Fulus de (10) 74.
L. White King Novelties n. 50 b.c. 2 ps.

3930 — **Lahore**. *Fulus* de 1074, de l'an 39 (1107) et 2 pièces variées
sans date. 4 ps. t.b.c.

3931 — **Sholapour**. *Fulus* an 30 (1098) avec „*Fulus i mubarik"*
t.b.c. rare.

3932—3933 — **Haïderabad**. *Fulus* de 1106 de forme ovale avec
„*Fulus i mubarik"* b.c. n. 3933 *Fulus* rond de 1113, même
légende t.b.c. 2 pièces extr. rares.

3934 — **Moultan**. *Fulus* de 1108 t.b.c. et avec 1..7 ?, de forme ovale
b.c. et autre sans date a.b.c. 3 pièces.

3935 — **Akbarabad**. *Fulus* de 1..7 ? t.b.c.

3936 — **Machlipatan**. *Fulus* de 1117 an 50 (Masulipatam au Madras).
L. White King Novelties n. 51 t.b.c. fort rare.

3937 — **Kaboul**. *Fulus* avec étoile, a.b.c. fort rare.

3938 — **Azimabad**. *Fulus* a.b.c. rare.

3939 — **Gulburga**. *Fulus* avec „*Fulus i mubarik"* t.b.c. extr. rare.

3940 — **Baypour**. (Dar uz Zafar) *Fulus* avec „*Schah alamgir
Shahi"* t.b.c. extr. rare.

3941 — **Bairat**. *Fulus* sans date t.b.c.

3942—3943 — **Surat**, *Fulus* s.d. n. 3943 **Lucknow** *Fulus* sans date
2 ps. b.c. et rares.

3944—3946 — **Burhanpour**. ¹/₂ *Fulus* an 7 (1075) b,c. rare. n. 3945
Haïderabad ¹/₂ *Fulus* de 1106 b.c. fort rare, n. 3946 **Machlipatan** ¹/₂ *Fulus* an 1114 t.b.c. rare 3 pièces.

3947—3949 — **Moultan**. ¹/₄ *Fulus* de 1071 t.b.c., n. 3948 ¹/₄ *Fulus*
de 1075 t.b.c. et n. 3949 ¹/₈ *Fulus* de **Narnol** a.b.c. 3 pièces rares.

3950 — **Azamnagar**. *Fulus* de l'an 32 (1100). L. White King
Novelties n. 31. t.b.c. Extr. rare.

On ne connait jusqu'a présent que des Roupies fr. dans cet atelier sous
Farrukh Siyar, c'est l'unique monnaie de cuivre connue, provenant de
cet atelier.

Azam Schah en révolte.

3951   *Mohur* fr. à **Khujista¶Bunyad** (Aurangàbād) an 1118. Br. Mus. pl. XX n. 847 Or. t.b.c. Extr. rare.

3952   — *Roupie* fr. à **Surat** an 1119, atelier manquant au Br. Mus. comp. pl. XX n. 850, t.b.c. Extr. rare.

3953   — ¹/₂ *Roupie* fr. à **Surat** an 1119, même type, *Inédite* t.b.c. Extr. rare.

Kam Baksh en révolte à Haïderabad.

3954   — *Roupie* de 1119 fr. à **Ahsanàbad,** manque au Br. Mus. atelier inconnu. Belle et extrêmement rare.

3955   — *Roupie* de 1120 fr. à **Haïderabad,** Br. Mus. pl. XXI n. 852 (en Or.) t.b.c. extrêmement rare.

3956   — *Roupie* sans date fr. à **Gulburga,** Br. Mus. pl. XXI n. 853, atelier manquant au Br. Mus. a.b.c. extr. rare.

Bahadur I (Schah-Alam Bahadur) 1119—1124.

3957   — *Mohur* fr. à **Khujista Bunyad** (Aurangabad) an 1119, Br. Mus. n. 852. Or. Superbe et rare.

3958   — **Chinapatan.** *Roupie* de 1119, manque au Br. Mus. étoile comme marque. b.c. rare.

3959   — **Akbarnagar.** *Roupie* de 1119. b.c. rare.

3960—3961   — **Ettawah.** *Roupie* an 1 avec couplet „*Sahibi Kirani Sani*", t.b.c. rare; n. 3961, *Roupie* an 1 autre type. b.c. 2 pièces.

3962   — **Azimabad.** *Roupie* de 1120 t.b.c. rare.

3963   — **Akbarābad.** *Roupie* an 2, Br. Mus. pl. XXI n. 870, 2 variétés 22 et 21 m.m. t.b.c. 2 ps.

3964   — **Sirhind.** *Roupie* an 2, manque au Br. Mus. b.c.

3965   — **Khujista Bunyad.** *Roupie* de 1121, Br. Mus. pl. XXI, n. 861 le Mohur, t.b.c.

3966—3967   — **Lahore.** *Roupie* de 1121 t.b.c. n. 3967 **Azimabad.** *Roupie* de 1121, le champ orné de rosettes, t.b.c. et rare, 2 ps.

3968 — **Ujain**. *Roupie* avec titre „*Dar el Fateh*" (le lieu de la Victoire) an 1121, Br. Mus. pl. XXI n. 862, seulement en Or. t.b.c. fort rare.

3969—3971 — **Moradabad**. *Roupie* an 3 (1121) t.b.c. n. 3970 **Akbarabad** même date b.c., n. 3971 **Jehangirnagar** même date, b.c. rare. 3 ps.

3972 — **Kaboul**. *Roupie* de 1122 (en 4) avec „*dar ul mulk*" manque au Br. Mus. t.b.c. rare.

3973 — **Chinapatan**. *Roupie* an 4, type inconnu, belle et rare. *Voir la reproduction.*

3974 — **Surat**. *Deux Roupies* sans date, comme Br. Mus 835 légèrement variées, t.b.c. et b.c.

3975 — *Fulus* fr. à **Ahmednagar** an 1122, Ae. t.c.b. **Extr. rare et inédite**.

3976 — *Demi Fulus* fr. à **Sholapour** an 5 (1123) avec „*Fulus i mubarik*" Ae. beau. **Extr. rare et inédite**.

3977 — *Fulus* fr. à **Haïderabad** an 1124 (6). Ae. t.b.c. rare et inédit.

3978 — *Fulus* sans date fr. à **Sholapour** avec „*Fulus i mubarik*" b.c. extr. rare, inédit.

Jehandar Schah 1124 = a.d. 1172.

3979 — *Mohur* fr. à **Schahjehanabad** an 1124 avec titre „*ab ul fateh Ghazi*" Br. Mus. pl. XXII n. 880. Beau et rare..

3980 — *Mohur* fr. à **Schahjehanabad** an 1124 variété inédite, avec „*Sikkah zadbar mahlchùn Saheb·i Kirani Sani*" Or. Beau et rare.

3981 — *Roupie* fr. à **Akbarabad** (Agrah) an 1124. Br. Mus. pl. XXII 887. Belle.

3982 — *Roupie* fr. à **Gwalior** an 1124, Lahore Museum n. 2. manque au Br. Mus avec titre „*Schah i Kirani Sani*" Belle et rare.

3983 — *Roupie* fr. à **Ettawah** an 1124, avec arrangement de la légende comme n. 3980 t.b.c. rare.

3984—3986 — *Roupie* fr. à **Lahore** an 1124. n. 3985 *Roupie* fr. à **Khambai** même date, n. 3986 *Roupie* même date fr. à **Lucknow** 3 ps. t.b.c.

3987 — *Roupie* fr. à **Ellichpour**, type inédit, droit de Br. Mus. pl. XXII n. 877 et revers de n. 880. Belle et rare.

3988—3990 — *Roupie* an 1 (1124) fr. à **Surat** b.c. n. 3989 *Roupie* fr. à **Burhanpour** an 1124, t.b.c. n. 3990 *Roupie* fr. à **Barelli** même date, belle, 3 pièces rares.

3991 — **Kaboul**. *Fulus* avec (11) 24 et *Fulus* oblong avec an 1. Ae. 2 pièces belles, extr. rares. **Uniques.**

Farrukh-Siyar 1124—1131.

3992 — *Mohur* fr. à **Shahjehanabad** an 1 (1124) Br. Mus. pl. XXII n. 891. Or. t.b.c.

3993 — **Schahjehanabad**. *Roupie* an 1124, var. de Br. Mus. n. 891 b.c.

3994 — Même atelier. Deux *Roupies* de 1128 (an 5) et 1129 (an 6) Br. Mus. n. 923. 2 ps. t.b.c.

3995 — Même atelier an 1130, Deux *Roupies* variées, m.m. 24 belle, et m.m. 22 b.c. 2 ps.

3996 — **Akbarabad** Deux *Roupies* an 2 (1125) et an 1127 (an 3), 2 ps. b.c.

3997 — **Bahadargarh**. *Roupie* an 2, nouveau atelier, t.b.c. et fort rare.

3998 — **Bankapour**. *Roupie* an 5, nouveau atelier en Bengale. L. White King Novelties n. 32, t.b.c. Extr. rare.

3999—4000 — **Bareily**. *Roupie* an, 4 a.b.c. n. 4000 **Arcot** *Roupie* de 1129, Superbe et fort rare. 2 ps.

4001 — **Moultan**. *Roupie* de 1129, belle et fort rare.

4002—4004 — **Burhanpour**. *Roupie* de 1130 b.c., n. 4003 *Roupie* d' **Ettawah**, an 7 (1130) t.b.c., n. 4004 *Roupie* de **Lahore,** même date, b.c. 3 ps.

4005 — **Surat**. $^1/_2$ *Roupie* an 6 (1129), m.m. 23. Superbe et rare.

4006 — **Schahjehanabad**. $^1/_4$ *Roupie Nisar*, an 1125, t.b.c. et **Unique.**

4007 — **Akbarabad**. $^1/_4$ *Roupie Nisar* de 1125, b.c. et **Unique.**

4008 — **Schahjehanabad**. $^1/_8$ *Roupie Nisar*. L. White King Novelties, n. 33 pl. XII n. 3. Belle et **Unique.**

4009 — **Akbarabad**. $^1/_{16}$ *Roupie Nisar*, sans date. L. White King Novelties n. 34 pl. XII n. 4. t.b.c. **Unique.**

4010 — *Fulus* **de Machlipatan** an 1125, avec „*Fulus i mubarik*". Ae. t.b.c. Extr. rare.

4011 — *Fulus* fr. à **Ahmednagar** an 5 avec „*Sikkah i mubarik*" Ae. Belle et extr. rare.

4012 — **Bayapour**. *Fulus* avec „*Dar uz Zafar*" an 11 ..? b.c. et même pièce date invisible, a.b.c. Ae. 2 ps. rares.

4013 — *Fulus* fr. à **Sholapour** avec „*Sikka mubarik*" t.b.c. fort rare.

4014 — *Fulus* fr. à **Kaboul** an 7. L. White King Novelties n. 35. b.c. Extr. rare.

4015 — **Surat**. Deux *Fulus* sans date b.c. et a.b.c. Ae. 2 ps. fort rares.

Rafi' ud darajat 1131 = a.d. 1719.

4016 — *Mohur* fr. à **Schahjehanabad** (an 1131) comp. Br. Mus. pl. XXIII n. 937. Or. t.b.c. rare.

4017 — *Roupie*, même atelier et date. Br. Mus. pl. XXIII. n. 941 b.c.

4018 — *Roupie* fr. à **Lahore** an 1131. Br. Mus. pl. XXIII n. 943 t.b.c.

4019 — *Roupie* fr. à **Ettawah** an 1131. Manque au Br. Mus. comp. Br. Mus. n. 938. Belle et rare.

4020 — *Roupie* fr. à **Ajmir** an 1131, droit comme Br. Mus. pl. XXIII n. 941 revers comme n. 938. Belle et rare.

4021 — *Roupie* fr. à **Patnah** an 1131. Br. Mus. n. 944. Belle et rare.

4022 — *Roupie* fr. à **Morshidabad** an 1131 avec titre „*Dadgar*" t.b.c. Inédite. Extr. rare.

4023 — *Roupie* fr. à **Burhanpour** même date, Br. Mus. pl. XXIII 943 t.b.c. rare.

4024 — *Roupie* fr. à **Moultan**, autre type. Inédit b.c. fort rare.

4025 — *Roupie* fr. à **Zinat ul Bilad** (Ahmedabad) (l'ornement des villes) an 1131, superbe et fort rare.

Rafi ud daulah (Schah Jehan II) 1131.

4026 — *Mohur* fr. à **Akbarabad** an 1131 Br. Mus. pl. XXIV n. 947. Or. m.m. 27 gr. 11 t.b.c. avec trace d'oeuillet.

4027 — *Roupie* même atelier an 1 avec titre, „*Mustakkir al Khilafah*" pl. XXIV n. 947 t.b.c.

4028—4029 — *Roupie* fr. à **Schahjehanabad** an 1131. Br. Mus. pl. XXIV n. 945 b.c. n. 4029 fr. à **Lahore** pl. XXIV n. 951, t.b.c.

4030—4031 — *Roupie* fr. à **Gwalior**, droit pl. XXIV 948 et revers de n. 945 m.m. 26, n. 4031 fr. à **Morshidabad** pl. XXIV n. 952. Deux pièces, belles et rares.

Mohammed Nikosiyar (en révolte an 1131—1132.)

4032 — *Roupie* fr. à **Surat** an 1131. Br. Mus. pl. XXIV, n. 953, m.m. 30. Belle et fort rare.

4033 — *Roupie* pareille avec la date rare 1132, t.b.c. manque au Br. Mus. extrêmement rare.

4034 — $^1/_2$ *Roupie* même type, an 1 (1131). Belle et extr. rare. **Inédite**.

Mohammed Ibrahim (en révolte an 1132.)

4035 — *Mohur* fr. à **Schahjehanabad** an 1132, Br. Mus. pl. XXIV n. 954. Or. Belle et extr. rare.

4036 — *Roupie* même date et atelier. Br. Mus. n. 954, b.c. Extr. rare.

Mohammed Schah 1131—1161 = a.d. 1719—1740.

4037 — *Mohur* fr. à **Lahore** an 2 (1133), Br. Mus. pl. XXV n. 967. Or. Beau.

4038 — *Fanam* pour l'Inde méridionale. fr. à **Balapour**. Or. gr. 0.3 beau, n. 4038*a*. Même pièce. Or. belle.

4040 — **Bareily**. Deux *Roupies* de 1132 (an 1), t.b.c. et de 1134 (an 3). Br. Mus. pl. XXI n. 1035, b.c. 2 ps.

4041 — **Burhanpour**. *Roupie* de l'an 1133, manque au Br. Mus. t.b.c.

4042 — **Schahjehanabad** (Delhi). *Roupies* de 1133 et 1135 (an 5). Br. Mus. n. 984, 2 ps. t.b.c.

4043 — Même atelier, *Roupies* de l'an 7 (1137) et l'an 1138, 2 ps. t.b.c.

4044 — Même atelier, *Roupies* de 1139, 1140 et de l'an 19 (1149) Br. Mus. n. 1014, 3 ps. t.b.c.

4045 — Même atelier, *Roupies* de l'an 23 (1153) et de l'an 24 (1154), Br. Mus. n. 959. 2 ps. b.c.

4046 — **Gwalior**. *Roupie* de l'an 3 (1133), manque au Br. Mus. b.c. rare.

4047 — **Surat**. *Roupies* de l'an 3 belle, et de l'an 6, t.b.c. 2 ps.

4048 — **Lahore**. *Roupies* de l'an 6, de l'an 1135 (an 5) et de l'an 17 (1147). Br. Mus. n. 974, 3 ps. t.b.c.

4049 — **Lahore**. *Roupies* de l'an 1155, Br. Mus. 974 et de l'an 1157. Br. Mus. n. 988, 2 ps. t.b.c.

4050 — **Ettawah.** *Roupie* de l'an 1136. belle.

4051 — **Ettawah.** *Roupies* de l'an 20 (1150) et de 26 (1156). Br. Mus. n. 1011, 2 ps. t.b.c.

4052 — **Akhtarnagar.** *Roupie* de l'an 1136, comp. Br. Mus. n. 985, t.b.c. rare.
> Akhtarnagar c'est un nom nouveau pour Lucknow, cette monnaie est frappée par Mohammed Schah comme Suzerain d'Oudh.

4053 — **Ajmir.** *Roupies* de l'an 1138, manque au Br. Mus. t.b.c. et de l'an 29 (1158), type Br. Mus n. 978 b.c. 2 ps.

4054 — **Schahábád** (Kanauj). *Roupie* de l'an 8 (1138). Comp. Br. Mus pl. XXV n. 1019, t.b.c. et rare.

4055 — **Kora.** *Roupies* de l'an 1141. Br. Mus. pl. XXV n. 998 et de l'an 14 (1144) même type, 2 ps. t.b.c.

4056 — **Firoznagar.** *Roupie* de l'an 1142 L. White King Novelties n. 39 pl. XII n. 7. Atelier inconnu (**Unique**).

4057 — **Peichawer.** *Roupies* de 1143 et de 1148, manquant au Br. Mus. type de pl. XXV n. 1019. 2 ps. t.b.c. et rares.

4058 — **Islamabad.** *Roupie* de l'an 16 (1146). Br. Mus. n. 1016 t.b.c. et rare.

4059 — **Farrukhábad.** *Roupie* de l'an 20 (1150), manque au Br. Mus. t.b.c. et rare.

4060 — **Kamarnagar.** *Roupie* de l'an 20 (1150) atelier inconnu vraisemblablement Kamàlia en Punjab. L. White King Novelties n. 38 (pl. XII n. 6.) Belle et **Unique**.

4061 — **Akbarabad** (Agrah). *Roupies* de l'an 21 (1151) Br. Mus. n. 997 belle, de l'an 30 (1159). Br. Mus. n. 969 t.b.c. et sans date, a.b.c. 3 pièces.

4062 — **Surat.** 1/2 *Roupie* an 20 (1150), belle et rare.

4063 — **Ujain.** 1/4 *Roupie* an 10 avec titre „*Dar ul fateh*" (1140), belle et rare.

4064 — **Schahjehanabad.** 1/4 *Roupie* an. 10. m.m. 18 belle et de l'an 15 m.m. 15, t.b.c. 2 pièces rares.

4065 — Même atelier, 1/8 *Roupie carrée* an 21 avec titre „*Sàhib i Kiran i Sani*" belle et rare.

4066—4069 — *Fulus* fr. à **Moultan** an 1133, t.b.c. n. 4067, *Fulus* fr. à **Machlipatan** an 1135, b.c. et rare n. 4068, *Fulus* fr. à **Peichawer** an 8, t.b.c. rare, n. 4069, *Fulus* fr. à **Elichpour** an 1139, belle et rare. Ae. 4 pièces rares.

4070—4073 — *Fulus* fr. à **Bhakkar** de l'an 1145 et de l'an 1146 b.c. n. 4071, *Fulus* fr. à **Shahjehanabad** an 17 (1147) t.b.c. n. 4072, *Fulus* de 1159 avec „*Mahommed Schahi Zarb i Schahjehanabad*" b.c. n. 4073 fr. à **Kaschmir** sans date, b.c. Ae. 5 pièces rares.

Ahmed Schah 1161—1167 = 1748—1754

4074 — *Mohur* fr. à **Schahjehanabad** an 1167. Br. Mus. pl. XXVI n. 1039, Or. gr. 12.2 beau avec oeuillet.

4075 — *Roupies* du même atelier et type, de 1161 et 1162, 2 ps. t.b.c.

4076 — *Roupies* pareilles et de 1163 t.b.c. et de 1164, b.c. 2 ps.

4077 — *Roupies* pareille de 1165 (an 5) et 1166, 2 ps. t.b.c.

4078 — *Roupies* fr. à **Lahore** de 1161. b.c. et 1167, t.b.c. (an 1 et 6) 2 ps.

4079 — *Roupies* fr. à **Farrukhabad** an 1 (1161), b.c. et an 1167. Br. Mus. n. 1045, t.b.c. 2 ps.

4080 — *Roupie* fr. à **Machlipatan** de 1165 (an 4) |‹ t.b.c. rare.

4081 — *Roupie* épaise fr. à **Benares** an 6 Br. Mus. pl. XXVI n, 1040, avec 6 poinçons sur la tranche, t.b.c.

4082 -- *Roupie* fr. à **Imtyaz-Garh**, atelier inconnu, avec titre „*Alampanah*", t.b.c. avec 3 poinçons sur la tranche, extr. rare. *Voir la reproduction.*

4083 — *Fulus* fr. à **Peichawer** an 1 avec. „*Sikka mubarik Badschah Ahmed Schah*". Rodgers Moghul copper coins pl. XIX n. 9. Ae. t.b.c. **Unique.**

Alamgir II 1167—1173 = a.d. 1754—1759.

4084 — *Mohur* fr. à **Schahjehanabad** an 2 (1168). Br. Mus. n. 1061, avec titre „*Abul adil Aziz uddin*". Or. Beau et rare.

4085 — *Hun* ou *Pagoda* pour l'Inde méridionale, fr. à **Imtyaz-Garh**, comp. Br. Mus. pl. XXVI n. 1069. m.m. 11, Or. gr. 3.1, t.b.c.

4086 — *Fanam* du même atelier, gr. 0.4, t.b.c.

4087 — **Balwantnagar** (Jhansi). *Roupie* de 1167, atelier inconnu Belle et extr. rare. *Voir la reproduction.*

4088 — **Schahjehanabad.** *Roupie* de 1168, l'invocation et le nom dans des carrés, avec titre comme n. 4084. Br. Mus. n. 1073, pl, XXVI n. 1060, t.b.c. rare.

4089 — *Roupie* de 1168 du même atelier, type commun, mais titre comme n. 4084, Br. Mus. pl. XXVI, n. 1066. Belle.

4090—4091 — *Roupies* pareilles, an 2 (1168) variété et n. 4091 de (116)9 type varié, 3 ps. t.b.c. et rares.

4092 — *Roupie*, même atelier avec la date fautive 1181 (II/\I) de deux côtés au lieu de II\/I, avec un couplet inconnu „*Sikka mubarik zad taban bamchu mihro mah*" — *Aziz uddin Alamgir Sani ghazi Badschah*". Belle et fort rare.
Voir la reproduction.

4093 — *Roupie*, même atelier de 1173 au nom d' „*Aziz uddin*", b.c.

4094 — **Akbarabad** deux *Roupies* an 2 avec titre „*Badschah Ghazi*", légèrement variées, 2 ps. t.b.c.

4095 — **Lahore.** Deux *Roupies* de l'an 3 (1169) et de l'an 6 (1172), 2 ps. t.b.c.

4096 — **Jodpour.** *Roupie* de l'an 1172 avec un couplet nouveau, „*Sikkah barzacho Sahib i Kirani*" — „*Zad aziz uddin Alamgir Sani*". L. White King Novelties, n. 40, pl. XII n. 8, belle et rare.

4097 — **Kaschmir.** *Roupie* de 1171 avec „*Badschah Ghazi*", type Br. Mus. n. 1066, t.b.c.

4098 — **Ahmednagar.** *Roupie Nazarana* de 1172. Br. Mus. n. 1066, ·m.m. 30, gr. 11.3, avec oeuillet, t.b.c. et fort rare.

4099 — **Mozadabad.** *Roupie* an 6 avec „*Badschah Ghazi*", t.b.c. rare.

4100 — **Dar ul Birt** (Ranpour). *Roupie* de l'an 6 avec couplet inconnu
„*Aziz uddin Alamgir Sani*"
„*Bar zar zud Sikka chun Sahib i Kirani*".
belle et extrêmement rare.
Voir la reproduction.

4101—4103 — *Fulus* fr. à **Schahjehanabad** an 1168, t.b.c. n. 4102 même atelier an 117? a.b.c. n. 4103 fr. à **Lahore** an 1172, t.b.c. Ae. 3 pièces rares.

Schah Jehan III, 1173—1174.

4104 — *Mohur* fr. à **Schahjehanabad** an 1173. Or. Superbe et extr. rare.
Voir la reproduction.

4105 — *Roupie* fr. à **Schahabad** (Kanauj) an 1173, comp. Br. Mus. pl. XXVI n. 1087, t.b.c. avec oeuillet, rare.

4106 — *Roupie* an 1173 fr. à **Mahindarpour.** Br. Mus. pl. XXVI n. 1090, t.b.c. rare.

4107 — 1/2 *Roupie* fr. à **Surat** an 1. L. White King Novelties n. 41, pl. XII n. 9. Belle et extrêmement rare.

Schah Alam II, 1173—1221 = a.d. 1759—1806.

4108 — *Mohur* fr. à **Bahadurpattan** an 19 (1192) Br. Mus. n. 1153, avec ⲥⲓq m.m. 21 Or. gr. 11. Superbe et extr. rare.
Voir la reproduction.

4109 — *Mohur* fr. à **Schahjehanabad** an 1220, la légende des deux côtés entourée de couronnes de roses, d'épis et de feuilles, marque quintefeuille et ombrella. Br. Mus. pl. XXVII n. 1110 m.m. 29. Or. gr. 10.6, Superbe et fort rare.
Voir la reproduction.

4110 — **Jeypour**. *Roupie* an 2, type Br. Mus. pl. XXVIII n. 1161 ⊞ comme marque. Belle.

4111 — **Kattack**. *Roupie* an 3, même type, t.b.c. et rare.

4112 — **Aonla**. *Roupie* de 1176, type Br. Mus. pl. XXIX n. 1171 t.b.c., rare.

4113—4114 — **Moradabad**. *Roupie* de 1176 avec soleil comme marque, type varié avec trace d'oeuillet, n. 4114 *Roupie* an 4 avec deux fleurs adossées comme marque. Variété de type du Br. Mus. n. 1118, rare. 2 ps. b.c.

4115—4116 — **Moradabad**. *Roupies* de 1180 et 1182, avec étoile à douze rais sur ش, manque au Br. Mus. 2 ps. b.c.

4117 — **Najibabad**. *Roupie* an 4, comp. Br. Mus. n. 1199, t.b.c. et rare.

4118 — **Ahmednagar**. *Roupie Nazarana* (ou double Roupie) de 1179. Br. Mus pl. XXIX n. 1172, m.m. 30, gr. 11.3, belle et rare.

4119 — *Roupie* du même atelier de l'an 1211, m.m. 27, gr. 10.1, belle.

4120 — **Basauli**. *Roupie* de 1182, d'un atelier inconnu, type Br. Mus. pl. XXIX n. 1172, t.b.c. extr. rare.

4121 — **Narwar**. *Roupie* de 1184, type Br. Mus n. 1172, manque au Br. Mus. belle et fort rare. **Inédite**.

4122 — **Mustafabad** (Rampour). *Roupie* de 1184, soleil et plante comme marques, atelier manquant au Br. Mus., t.b.c. et rare.

4123 — **Barhanpour**. *Roupie* de 1185, t.b.c. et rare.

4124 — **Schahjehanabad**. *Roupies* de 1185 et 1186 sans parasol et de 1187 avec parasol; type Br. Mus. n. 1096. 3 ps. t.b.c.

4125 — **Schahjehanabad**. *Roupies* de 1188, t.b.c., de 1189 b.c. et de 1192 t.b.c. Trois pièces au parasol.

4126 — **Schahjehanabad**. *Roupies* de 1193 t.b.c. de 1194 b.c. et de 1197 t.b.c., trois pièces au parasol.

La Roupie de 1194 a aussi une fleur et de 1197)|(comme marque.

4127 — **Schahjehanabad.** *Roupies* de 1198, t.b.c. de 1201, b.c. et de 1202 b.c. avec parasol et fleuron. 3 ps.

4128 — Même atelier. *Roupie* de 1218, avec parasol et lion rampant. Br. Mus. pl. XXVII n. 1099, m.m. 26, gr. 11.1, t.b.c. extr. rare.

4129 — Même atelier *Roupie Nazarana* de 1218, avec parasol et ⁛ frappée en mémoire de la prise de **Delhi** par Lord Lake en 1803. Br. Mus. n. 1107, type pl. XXVII n. 1104, m.m. 31, gr. 11.1, t.b.c. fort rare.

4130 — Même atelier, *Double Roupie* pareille, frappée à la même occasion avec grènetis à l'entour. Br. Mus. pl. XXVII n. 1104, m.m. 36, gr. 11.3. Superbe et fort rare.

4131 — Même atelier, *Roupie* de 1220 à la couronne de fleurs et d'épis comme le Mohur n. 4109. Belle et rare.

4132 — **Deogarh.** *Roupie* an 17, type Br. Mus. pl. XXVIII n. 1161, t.b.c. atelier rare.

4133 — **Gokalgarh.** *Roupie* de 1191, fr. après la prise de Deogarh, L. White King Novelties n. 43, pl. XII n. 11, t.b.c. fort rare.

4134 — **Jammun.** *Roupie* de 1195 avec •ᷛ• comme marque, t.b.c. rare.

4135 — **Jammun.** *Roupie* de 1195, avec glaive et tulipe comme marques, la tranche couvert de poinçons et du nombre ⌐⌐, manque au Br. Mus. b.c. rare.

4136 — **Joudhpour.** *Roupie* avec „*Dar ul mansur*" (la porte de la victoire), plusieurs poinçons sur la tranche, t.b.c. rare.

4137 — **Panipat.** *Roupie* de l'an 25 (1197), type Br. Mus. n. 1097, avec parasol et swastika, atelier rare, t.b.c. et rare.

4138 — **Ajmir.** *Roupie* de 1203, type Br. Mus. pl. XXVIII n. 1159, avec une tige de *Kachinar*, t.b.c.

4139 — **Benares.** *Roupie* de 1211, avec poisson et drapeau, t.b.c.

4140 — **Saharanpour.** *Roupie* de 1212, atelier manquant au Br. Mus. type Br. Mus. pl. XXVIII n. 1166, t.b.c. rare.

4141 — **Arcot.** *Roupie* an 40, avec croissant comme marque, t.b.c.

4142 — **Mozaffergarh.** *Roupie* de 1212, parasol, flèche et deux losanges comme marques, t.b.c. rare.

4143 — **Terath Hardwar** (place de pélérinage). *Roupie* de l'an 40 (1212), atelier manquant au Br. Mus. t.b.c. et extr. rare.

4144 — **Bhopal.** *Roupie* épaise de l'an 42 (1215), avec un *Yatagan* comme marque, plusieurs poinçons sur la tranche, t.b.c. rare.

4145 — **Nagpour**. *Roupie* de 1218, avec titre „*Dar ul Barakat*". „la maison de la bénediction". L. White King Novelties n. 42, pl. XII n. 1, atelier inconnu pour l'argent, belle et rare.

4146 — **Khitta-Bareily**. *Roupie* de 1219 avec un *Katar* et quintefeuille comme marque t.b.c. rare.

4147 — **Murshidabad**? *Roupie* au nom d' „*Ali Gauhar*" t.b.c. rare. *Voir la reproduction du droit.*

4148 — **Surat**. 1/2 *Roupie* type Br. Mus. pl. XXVIII n. 1161, belle et rare.

4149 — **Akbarabad**. 1/2 *Roupie*, avec „*Mustakirr ul Khilafa*" an 8, b.c. rare.

4150 — **Srinagar Garhwal**. 1/4 *Roupie* an 4. Br. Mus. pl. XXVIII n. 1159, b.c. rare.

4151 — **Bhartpour**. 1/4 *Roupie* an 44, comp. Br. Mus. n. 1159, b.c. rare.

4152 — **Schahjehanabad**. 1/8 *Roupie* (*Nisar*) de 1220. L. White King Novelties n. 44, t.b.c. rare.

4153 — **Jeypour**. *Fulus* de l'an 40 avec tige de *Kachinar* et ✠, m.m. 32, t.b.c. et *Fulus* épais de l'an 31, m.m. 21, b.c. Ae. 2 p.s.

4154 — **Najibabad**. *Fulus* pareil an 1182 et 1/4 *Fulus* de l'an 42. Ae. 2 ps.

4155 — **Bhartpour**. 1/3 *Fulus* de l'an 12 avec un *Katar* comme marque, et 1/2 *Fulus* de l'an 19 avec „*Fulus maimanat manus*" au revers, 1/8 *Fulus* de 1189 a.b.c. Ae. 3 ps. t.b.c. et a.b.c.

4156 — **Ismailgarh**. 1/2 *Fulus* de 1194 avec étoile et épée, *Fulus* de l'an 24, avec fleur et tréfeuille, et *Fulus* de l'an 25, avec fleur de lotus. Ae. 3 pièces t.b c.

4157 — **Akbarabad**. *Fulus* en métal blanc de l'an 1198, poisson comme marque, beau, *Demi Fulus* de 1219 avec pistole. Ae. t.b.c. 2 ps.

4158 — 1/2 *Fulus* de **Hasanabad** an 28, la date de deux côtés. Ae. b.c. rare.

4159 — **Gwalior**. *Fulus* hexagonal an 29 avec glaive comme marque. L. White King Novelties n. 52 pl. XII n. 14. Ae. belle et rare.

4160—4162 — 1/2 *Fulus* de l'an 31 avec poisson comme marque. n. 4161 *Fulus* fr. à **Azamnagar** an 32, b.c. rare n. 4162 **Burhanpour** *Fulus* an 33, avec parties de couplet, b.c. rare. 3 ps. Ae.

4163 — **Schahjehanabad**. *Demi Fulus* de l'an 1205 avec poisson et ☩ t.b.c., *Fulus* de l'an 1206 sans marque, 1/2 *Fulus* de 1206 avec poisson, 1/2 *Fulus* de l'an 46 avec poisson et flêche et 1/2 *Fulus* sans marque an [~~]? 5 ps. Ae. t.b.c. et b.c.

4164—4167 — ¹/₂ *Fulus* de **Bindraboun** an 1206 avec poisson
et étoile, t.b.c. et rare, n. 4165 ¹/₂ *Fulus* de 1208 avec
poisson en pal, a.b.c. n. 4166, ¹/₂ *Fulus* de l'an 36 avec poisson
t.b.c. n. 4167 ¹/₂ *Fulus* de 1211 avec poisson, t.b.c. rare.
Ae. 4 ps.

4168—4170 — *Demi Fulus* fr. à **Mominabad** an 1212, t.b,c. rare,
n. 4169 ¹/₆ *Fulus* fr. à **Jhansi** an 1213, belle et rare, n. 4170
¹/₆ *Fulus* fr. à **Damlah** an 121?, t.b.c. Les trois pièces rares
avec poisson comme marque. Ae.

4171 — **Saharanpour.** ¹/₂ *Dam* de 1214, marque poisson, *Dam*
de 1215 avec tige, ⊽ et trois autres marques, et *Dam* de
1215, avec tige ↓ ✕ et autres marques. Ae. 3 ps. t.b.c.

4172 — **Chachrauli.** *Dam* de 1215 avec épée. Ae. t.b.c. rare.

4173 — **Islamabad.** ¹/₂ *Fulus* an 43 avec flêche, ¹/₂ *Fulus* sans
date avec poisson, *Pisa* de l'an 43, avec J. W. H. (les initiales
du gouverneur d'Akbarabad J. W. Hessing), et *Dam* de l'an
46 avec tréfeuille. Ae. 4 ps. b.c. et t.b.c.

4174—4176 — ¹/₂ *Fulus* fr. à **Peichawer**, (pour l' „*Alkai*" district)
au revers palmier, t.b.c. n. 4175 ¹/₈ *Fulus* de **Walijabad**, b.c.
n. 4176 ¹/₂ *Fulus* de **Farrukhnagar** avec étoile, a.b.c.
Ae. 3 ps. rares.

4177—4179 — ¹/₄ *Fulus*, fr. à **Mahundarpour**, avec mouche et
tréfeuille, t.b.c. n. 4178 ¹/₃ *Fulus* fr. à **Nahun**, avec poisson,
b.c. n. 4119 ¹/₃ *Falus* fr. à **Kila Bundi**, avec feuille et lance
comme marques, atelier inconnu, t.b.c. Ae. 3 pièces rares.

4180 — ¹/₂ *Fulus* fr. à **Akbarpour**, marque flêche, atelier inconnu
pour ce règne. L. White King Novelties n. 53. t.b.c. Extr. rare.

4181 — ¹/₄ *Fulus* oblong, avec date I∧ |⊂ ○ (1845) par **Parduman**
Schah de **Garhwal** au nom de son Suzerain Schah Alam II.
Ae. gr. 4, t.b.c.

4182 **SCHAH JEHAN IV**, en révolte, *Roupie* de 1180. t.b.c.
Extr. rare. **Inédite,**

> Le Dr. L. White King dans ses notices hésite d'attribuer cette Roupie
> avec la date 1180 et le nom de Jehan Schah à un rebelle de ce nom sous le
> gouvernement de Schah Alam, il serait possible qu'elle serait émise par Jivan
> Bakht Mirza le fils ainé de Schah Alam, placé sous le gouvernement d'Ahmed
> Schah Abdali 1161—1203.

4183 **BEDAR BAKHT** prétendant 1202-1203. *Mohur* fr. à **Ahmedabad** an 1202. Br. Mus. pl. XXIX n. 1207. Superbe et
fort rare.

4184 — *Roupie* fr. à **Schahjehanabad** an 1202. Br. Mus. n. 1200
(pl. XXIX n. 1206), Belle et extr. rare.

Akbar II, 1221—1253 = a.d. 1806—1837.

4185 *Mohur* fr. à **Schahjehanabad** an 1222, parasol et quintefeuille, comme marques. Br. Mus. pl. XXIX n. 1210 (en argent).
Or. Superbe et rare.

4186 — *Roupie* pareille de 1221, parasol et .·. et même année
avec parasol et quintefeuille, 2 ps. t.b.c.

4187 — *Roupie* fr. à **Schahjehanabad** de l'an 1224 grand module,
Br. Mus n. 1213, avec parasol et quintefeuille, m.m. 30. Belle
et rare.

4188 — *Roupie Nazarana*, même atelier an 1240, mêmes marques,
m.m. 30. Superbe et rare.

4189 — *Roupie Nazarana* pareille de 1248. Belle et rare.

4190 — *Roupie* fr. à **Mozaffergarh** an 2, autre type. t.b.c. rare.
Voir la reproduction.

4191 — *Roupie* de **Benares** an 1228 avec poisson et drapeau, t.b.c.

4192 — **Ahmedabad.** *Roupie* de 1230, belle et rare et de l'an
12 (1232) avec soleil et étoile comme marques, belle. 2 ps.

4193 — **Ahmedabad.** Deux *Roupies* variées de 1243 et Roupie
avec 124? marques variées, 3 pièces belles.

4194 — **Brijidarpour.** *Roupie* de grand module de 1236, deux
étoiles et poignard comme marques, t.b.c. rare.

4195 — *Roupie* de **Jeypour** an 29, avec tige de *Kachinar*, b.c.

4196 — **Ettawah.** Deux *Demies Roupies* variées, avec dates indistinctes, t.b.c. 2 ps. rares.

4197 — Deux 1/2 *Fulus* fr. à **Schahjehanabad** an 1221 avec poisson
comme marque et de 1222, m.m. 20 et *Fulus* de **Jeypour**
an 3 avec tige de *Kachinar*, m.m. 32. Ae. 3 ps. t.b.c.

4198 — 1/2 *Fulus* de 1224 et 1/4 *Fulus* de 12?? avec „*Fulus i Akbar
Schahi*" fr. à **Ahmedabad**, 3 ps. rares. Ae. t.b.c.

4199 — *Fulus* fr. à **Ajmir** an 6, tige de *Kachinar* comme marque.
L. White King Novelties n. 45 pl. XII n. 12, t.b.c. fort rare.

4200 — **Farrukhabad.** 1/2 *Fulus* an 12, t.b.c. rare, et *Fulus* an 13
avec titre „*Sahib i Kirani Sani*", t.b.c. et *Fulus* de 1229 fr. à
Lucknow t.b.c. Ae. 3 ps. rares.

4201 — *Fulus* fr. à **Jaudpour**, avec titre „*Dar ul Musawwir*" an 22,
glaive comme marque, t.b.c. rare.

4202 — *Fulus* fr. à **Jaudpour** an 31, avec titre „*Dar ul Musawwir*"
L. White King Novelties n. 46 pl. XIII n. 13, avec épée comme
marque. Ae. Beau et rare, n. 4202a 1/2 *Fulus* rare fr. à **Gwalior**
an 17, avec pistole comme marque. Ae. t.b.c.

Bahadur II, le dernier Empereur Mogol,
1253—1275 = a.d. 1837—1857.

4203 — *Mohur* fr. à **Haïderabad** an 1273, (par le Nizam de Haïderabad au nom de Bahadur). Manque au Br. Mus. Or. Beau
et rare.
Voir la reproduction.

4204 — *Roupie* pareille de 1272, voir n. 4203, t.b.c.

4205 — *Roupies* pareilles de 1273 et 1274 rare, 2 ps. t.b.c.
Cette dernière *Roupie* est une vraie monnaie obsidionale, frappée
sur un flan fondu pendant la révolte contre les Anglais.

4206 — *Roupie* fr. à **Jeypour** an 20, (au le nom de Bahadur
par le Maharaja de Jeypour) avec la tige de *Kachinar* comme
marque, t.b.c.

4207 — *Roupie Nazarana* fr. à **Schahjehanabad** an 1257, fr.
dans son propre nom, avec parasol et quintefeuille. Br. Mus.
pl. XXIX n 1217. Superbe et extr. rare.

4208 — *Fulus* fr. à **Jeypour** an 13, même remarque, qu' au n. 4206.
Ae. t.b.c

Les Dynasties mineures Mahométanes de l'Inde.
LXXVII. Les Emirs Arabes de Sindhy.

4209 **Amir Abdoullah.** Petite monnaie fr. à **Brahmanabad** (Mansourah) m.m. 14 gr. 0.6 t.b.c.

4210 — Petite monnaie, fr. à **Mansourah** légende dans un grènetis,
m.m. 6 gr. 0.5. Ae. belle.

4211 **Mansour.** Petite monnaie, même atelier, étoile au revers.
Ae. m m. 12, a.b.c.

4212 **Abdur Rahman.** Petite monnaie, même atelier légende des
deux côtés, m.m. 9 gr. 0.5 t.b.c. et Ae. avec rosette dans un
carré au revers. m.m. 10 b.c. 2 ps.

4213 **Amir bin Mohammed.** Petite monnaie, même atelier et aussi
rosette dans un carrée, m.m. 10. Ae. t.b.c.

4214 **Fazal bin Ma'an.** Petite monnaie, lég. de deux côtés, m.m.
11. Ae. a.b.c. rare.

4215 **Amir Ahmed.** Petite monnaie, même type, gr. 0.5 b.c.

4216 **Mohammed.** Pièce pareille, légende dans un grènetis, gr. 0.6, t.b.c.

4217 **Abdoullah Nasir.** Pièce pareille sans grènetis, gr. 0.6, t.b.c.

4218 **Bann Amerwiya.** Pièce pareille, gr. 0.6, b.c.

4219 **Bann Aliwiya.** Pièce pareille, gr. 0.6, b.c.

Toutes les Monnaies de Sindhy sont bien rares.

LXXVII. Les Schahs de Malabar.

4220 **Mohammed bin Toughlak**. Monnaie avec le titre „*al Imam ul adil*". Ae. m.m. 15 gr. 3.5 t.b.c.
> La Dynastie de Malabar dans l'Inde méridionale est fondée par un général victorieux du roi Patan Mohammed bin Toughlak.

4221 **Ahsan Schah**. *Billon* de 735 avec titre „*Jelal ud dunya wadin*" Beau et rare.
Voir la reproduction.

4222 — *Billon* de 738, avec titre „*al Hassaniyya*", gr. 3.3 t.b.c.

4223 — Ae. 2 pièces variées avec titre „*Sultan al A'zam*", m.m. 16. Ae. t.b.c. et b.c.

4224 **Uduji Schah**. *Billon* au titre „*Uduji Schah Sultan*", Rev. „*ala ud dunyā wadin*". m.m 16 gr. 4.3 Beau et extr. rare.

4225 — Deux pièces variées aux mêmes légendes, gr. 4.4 Ae. t.b.c. 2 ps.

4226 **Ghyas uddin**. Deux pièces avec titre „*As Sultan al a'zam*" et au rev. „*Ghyas ud dunya wadin*", m.m. 16 et 17. Ae. belle et b.c.

4227 **Mohammed Damaghan Schah** (roi d'une partie de Malabar). *Billon* de 74? avec titre „*Moh. Damaghan Shah*" et au rev. „*Sultan al azim Ghyas ud dunya wadin*", m.m. 16 gr. 3.2, t.b.c. rare.

4228 — Deux *Billons* pareils de 741, légèrement variés, t.b.c. 2 ps.

4229 — *Billon* et Ae. de 746 avec titre „*Nazir ud dunya wadin*", m.m. 16. 2 ps. t.b.c.

4230 — Deux pièces pareilles de 746, t.b.c. et belle. Ae. 2 ps.

4231 **Adil Schah**, quatre pièces avec titre „*as Sultan al azam*" et au revers „*Adil Schah Sultan*", m.m. 12 et 14. 4 ps. Ae. t.b.c.

4232 **Sikander Schah**. Ae. avec „*Sikander Schah Sultan*", et revers „*Ala ud dunya wadin*". m.m. 15 t.b.c. et rare.

4233 **Moubarik Schah**. Trois pièces de 762, 763 et 765, avec titre „*Burguzidah allah*" et „*Moubarak Schah Jehān*". Ae. 3 ps. t.b.c.

4234 **Fakhr uddin**. Deux pièces avec „*Fakhr ud dunya wa-din*" et „*as Sultan al a'zam*". Ae. 2 ps. t.b.c. et b.c.

4235 **Mohammed Moustafa**, Petite monnaie de 767 avec „*Nasif ul ibad*". Ae. a.b.c. rare.

4236 **Ahsan Schah II**. Deux petites pièces de 772 et 773 avec „*Burguzidah' Rahman*" et „*Ahsan Schah Sultan*". Ae. 2 ps. b.c.

4237 **Firoz Schah**. Monnaie de 766? avec titre „*Kutub ud dunya wa-din*" m.m. 16. Billon b.c. rare.

4238 **Mohammed Schah.** Monnaie avec titre „*Ala ud dunya wa-din*"
m.m. 14 gr. 2. Ae. b.c. rare.

4239 **Shams uddin.** Monnaie avec „*Shams ud dunya wadin*" et
au revers „*As. Sultan ul azim*". Ae. m.m. 17, b.c. rare
Il serait possible que cette dernière monnaie appartient à l'Emir Bahmani de
ce nom.

LXXIX. Les Sultans Patans de Sindhy.

4240 **Nasir uddin Kubacha.** *Dehliwala* au taureau et au cavalier,
leg. hindi de deux côtés. Thomas the Pathans Kings of Delhi
n. 86. Ae. t.b.c.

4241 — *Dehliwala* au cavalier et lég. hindi, Rev. lég. perse. Thomas
n. 87, Br. Mus. Muhammadan States, pl. VIII n. 163. Ae. belle.

4242 **Saif uddin Hasan Karlagh.** *Roupie* sans date ni lieu, grènetis
au droit et légende circulaire au revers. Thomas n. 79. Br.
Mus. pl. VIII. 165, t.b.c. rare.

4243 — *Dehliwala* au cavalier avec trace de légende hindi; rev.
légende perse avec „*bin Mohammed*". Thomas n. 81, Ae. t.b.c.

4244 — Deux *Dehliwalis* au taureau et cavalier, Thomas n. 82.
2 ps. Ae. b.c. et a.b.c.

4245 — Monnaie inédite. taureau et au rev. légende perse, fr. à
Bamian? m.m. 14. Ae. t.b.c. rare.

4246 **Nasir uddin Karlagh.** Deux monnaies avec. lég. perse de
deux côtés, „*Al mallik ul mouazzam*". Thomas n. 84, Ae.
b.c. et a.b.c. 2 ps.

4247 — *Dehliwala* avec cheval à dr. le nom à l'entour, rev. lég.
hindi. Comparez Br. Mus. pl. VIII. n. 177. Ae. t.b.c.

4248 — Deux pièces pareilles, legèrement variées. Comp. Br. Mus.
pl. VIII. n. 177. Ae. t.b.c. et b.c. 2 ps.

4249 — *Dehliwala*, droit cavalier avec „*Mahommed*" au dessus du
cheval et au revers „*as Sultan ul a'zam nasir ud dunya
wadin*". Ae. m.m. 15, belle, inédite.

LXXX. Les Sultans de Bengale.

4250 **Moughis uddin Youzbeg** 677. (gouverneur du Bengale pour le
Sultan de Delhi). *Roupie*, légende dans un carré à double
bande, rev. légende dans un carré à double bande entouré d'un
cercle et d'une légende. Manque au Br. Mus. t.b.c. extr. rare.
Voir la reproduction.

4251 **Rukn uddin Kaikaus** 691. *Roupie*, le revers dans un carré à double bande, t.b.c. extr. rare.
Voir la reproduction.

4251*a* **Shams uddin Firoz** 702 (règnant à Lakhnauti). *Roupie*, fr. à **Firozabad** droit dans un carré simple, rev. dans un double carré. Br. Mus. pl. I n. 3 t.b.c. rare.

4252 — *Roupie* pareille, légèrement variée, t.b.c. rare.

4253 **Shahab uddin Bougrah**, vers 720. *Roupie*, manque au Br. Mus. Thomas n. 168, pl. VI fig. 4, avec poinçon sur le revers, t.b.c. Extr. rare.

4254 **Ghyas uddin Bahadur**, 710—731. *Roupie* fr. à **Lakhnauti** an 711. Br. Mus. pl. I n. 4, t.b.c. rare.

4255 — Même *Roupie* légèrement variée, t.b.c. rare.

4256 **Fakhr uddin Moubarak** roi indépendant 739-750. *Roupie* fr. à **Sonárgáon** an 749, le droit dans un cercle. Br. Mus. pl. I n. 12. Thomas pl. VI n. 7 var. t b.c. rare.

4257 — **Ala uddin Ali Schah** 740-746 roi du Bengale occidental. *Roupie* de 714, fr. à **Firozabad**. Br. Mus. pl. I n. 15. Thomas pl. VI n. 8, avec trois poinçons, t.b.c. rare.

LXXXI. Branche d'Ilias Schah.

4258 **Shams uddin Ilias** 740-759. *Roupie* de 740 fr. à **Firozabad**, comparez Br. Mus. pl. II n. 20. Thomas The Initial Coinage of Bengal 1867, n. 14 A, t.b.c. rare.

4259 — *Roupie* de 741 fr. à **Firozabad**, la lég. du droit dans un carré entouré d'un cercle. Br. Mus. pl. II n. 17, avec deux poinçons, t.b.c.

4260 — *Roupie* de 754 fr. à **Sonargaon**. Thomas Initial Coinage n. 16 pl. II fig. 10, t.b.c.

4261 — *Roupie* fr. à **Firozabad** an 758. Br. Mus. pl. II n. 22. Thomas n. 15, t.b.c. avec plusieurs poinçons.

4262 — *Roupie* coulée de bas alloi. Thomas n. 14, vraisemblablement d'un faussaire de l'époque, b.c.

4263 **Sikander I**. *Roupie* de 767 fr. à **Sonargaon**. Br. Mus. type pl. II n. 29, la tranche couvert de poinçons et le champ avec 5 poinçons, t.b.c.

4264 — *Roupie* fr. à **Firozabad**, la légende du droit dans un cartouche à huit lobes, le revers couvert de hachures. Br. Mus. type A, pl. II n. 27, droit b.c. rev. a.b.c.

4265 — *Roupie*, droit lég. dans un cercle, entourée de 4 compartiments, rev. lég. dans un cartouche hexagonal. Thomas n. 31,
avec plusieurs poinçons b.c.

4266 — **Ghyas uddin Azam Schah.** *Roupie* de 790 fr. à **Jannatabad.**
Br. Mus. pl. III n. 53. Thomas n. 33, b.c.

4267 — *Roupie* fr à **Muàzamabad** an 79 ?, légende dans un cartouche à huit lobes et dans un carré. Br. Mus. pl. III n. 57
t.b.c. rare.

4268 — *Roupie* de 811 (fr. áprès sa mort) à **Firozabad.** légende
dans un carré, et le revers dans un grand cartouche à quatre
lobes. Manque au Br. Mus. et à Thomas Initial Coinage. Voir
Journ. Asiat. Soc. 1879 pag. 294, le droit avec quatre
hachures et deux poinçons, t.b.c., fort rare.

4269 — *Roupie*, fr. à **Firozabad**, lég. dans un cercle et dans un
losange. Thomas n. 35 pl. II, 15. Br. Mus. pl. II, 60, couvert
de hachures et poinçons, a.b.c.

4270 — *Roupie*, lég. dans un carré et dans un cartouche à huit
lobes. Thomas n. 32, b.c.

LXXXII. Branche des Rájah Káns.

4271 **Shahab uddin Bayazid** 812-817. *Roupie* de 815 fr. à **Firozabad.**
Br. Mus. pl. III n. 67, avec oeuillet, t.b.c. rare.

4272 — Même *Roupie* sans oeuillet, mais le droit couvert de poinçons
et de hachures, b.c. rare.

4273 — *Roupie*, légende dans un cartouche multilobé et losange
lobé. Br. Mus. pl. III n. 68, le droit rempli de hachures.
a.b.c. rare.

4274 **Jalal uddin Mohammed** 817-834, *Roupie* de 818 fr. à **Firozabad**, droit dans un losange lobé, rev. dans un cartouche
multilobé. Br. Mus. n. 72. Belle.

4275 — *Roupie* fr. à **Chatgaon** an 821. Br. Mus. pl. III n. 77,
t.b c. rare.

4276 — *Roupie* fr. à **Firozabad** an 825, l'invocation dans un cercle,
revers au Toughra, Br. Mus. pl. IV n. 83, avec hachures sur
le droit, a.b.c. rare.

4277 — *Roupie* inédite, les légendes dans des carrés, manque au
Br. Mus., 2 pièces légèrement variées, rares, belle et b.c.

4278 Shams uddin Ahmed 813-846. *Roupie* de 837 fr. à **Firozabad.** Br. Mus. pl. IV n. 88, poinçons au dr., t.b.c. rare.

4279 — *Roupie* autre type, Br. Mus. n. 89, 4 poinçons, b.c. rare.

4280 — *Roupie* pareille. Br. Mus. n. 89, plusieurs poinçons, t.b.c. rare.

LXXXIII. Branche d'Ilias restaurée.

4281 Nasir uddin Mahmoud I 846-876. *Roupie* de 846 avec titre „*Nasir ud dunya wadin ab ul Mozaffar Mahmoud Schah*" Manque au Br. Mus. avec 3 poinçons et une hachure, t.b. c, extr. rare. *Voir la reproduction.*

4282 — *Même Roupie,* couvert de poinçons et de 2 hachures, a.b.c. extr. rare.

4283 Rukn uddin Barbak 864-879. *Roupie* de 867, plusieurs poinçons, var. de Br. Mus. n. 90, a.b.c. rare.

4284 — *Roupie* fr. à **Jannatabad** an 873, au titre „*Sultan ul adil al a'zam*". 4 poinçons. Br. Mus pl. IV n. 90, b.c. rare.

4285 — *Roupie,* variété avec „*Rukn ud dunya wadin ab ul mozaffar*" couvert de hachures, a.b.c. et autre mal frappée **avec** 2 poinçons, b.c. 2 pièces variées.

LXXXIV. Branche des Habschi.

4286 Nasir uddin Mahmoud II 895-896. *Roupie* fr. à **Iklim Moazamabad,** manque au Br. Mus., Journ-Asiat. Soc. 1875 pag. 288 t.b.c. extr. rare. *Voir la reproduction.*

4287 — *Roupie* inédite, la lég. du revers dans un carré, t.b.c. extr. rare. *Voir la reproduction du revers.*

4288 Shams uddin Mozaffar 896-899. *Roupie* de 896, type inconnu, droit dans un double cercle multilobé, entre les cercles légende circulaire. Rev. lég. dans un double cercle multilobé, t.b.c. rare. *Voir la reproduction.*

LXXXV. Branche de Hosain Schah.

4289 Alla uddin Hosain 899-925. *Roupie* de 899 fr. à **Fatehabad.** Br. Mus. n. 113, t.b.c.

4290 — *Même Roupie,* gravure plus soignée, trouvée à Gaur, t.b.c. rare.

4291 — *Roupie* de 899 fr. à **Fatehabad**, autre type, trouvée à Gaur. Br. Mus. pl. VI n. 123 t.b.c. rare.

4292 — *Demie Roupie* de 919 fr. à **Hoseinabad**, manque au Br. Mus. comp. la Roupie pl. VI n. 130, b.c. Extr. rare.

4293 **Nasir uddin Nasrat** 925-939. *Mohur* de 926 fr. à **Hoseinabad**. Manque au Br. Mus. Or. gr. 10.5 t.b.c. Extr. rare. *Voir la reproduction.*

4294 — *Roupie* de 925 fr. à **Hoseinabad**. Br. Mus. pl. VI n. 134 t.b.c.

4295 — *Roupie* de 926 fr. à **Nasratabad**, manque au Br. Mus. lég. dans un double cercle, m.m. 29, t.b.c.

4296 — *Roupie* de 927 fr. à **Nasratabad**, grènetis à l'entour. Br. Mus. pl. VI n. 137, m.m. 24, belle et rare.

4297 — *Roupie* de 935 fr. à **Fatehabad** (le port de la Victoire). Br. Mus. pl. VI n. 139, variété de gravure, t.b.c.

4298 **Ala uddin Firoz** 939. *Roupie* de 939 fr. à **Khuldabad** ou **Nasratabad**. Br. Mus. pl. VII n. 144, variété avec bordure de feuilles, plusieurs poinçons sur la tranche, t.b.c. fort rare.

4299 **Ghyas uddin Mahmoud III.** Comme Emir associé de 933 à 939. *Roupie* de 933 fr. à **Nasratabad**, dans un petit médaillon des deux côtés „*Bandar Schah*". Br. Mus. pl. VII n. 147 t.b.c. et rare.

4300 — Comme Sultan 939-944. *Roupie* pareille de 944, comp. Br. Mus. pl. VII n. 147, t.b.c. rare.

LXXXVI. Branche de Mahmoud Sur.

4301 **Mohammed Schah Ghazi** 960-962. *Roupie* fr. à **Arakan** an 962. Br. Mus. pl. VII n. 153, belle et rare.

4302 **Gyas uddin Bahadur Schah** 962-968. *Roupie* de 965. Br. Mus. pl. VII n. 155, t.b.c.

4303 — *Roupie* pareille de l'an 967. Br. Mus. n. 158, t.b.c.

4304 — Même *Roupie* de 967, moins belle, b.c.

4305 **Daud Schah Kararani** 980-984. *Roupie* fr. à **Tandah**, Br. Mus. pl. VII n. 160. Belle et rare.

LXXXVII. Les Sultans de Kashmir.

4306 **Shams Schah** 735—? *Roupie* carrée de 842, date fautive pour 742. Br. Mus. n. 179, t.b.c. extr. rare.

4307 **Sikander Schah** 788-813. *Roupie* carrée fr. à **Kashmir** an 792. Br. Mus. pl. VII n. 180. Belle et rare.

4308 — *Roupie* carrée pareille, date 79? t.b.c. rare.

4309 — Monnaies rondes fr. à **Kashmir**, date indistincte, type à la barre avec noeud au milieu du droit, 3 ps. Ae. t.b.c., b.c. et a.b.c.

4310 **Zain al abidin** 820-872. *Roupie* carrée de 842. Br. Mus. pl. VII, n. 882 t.b.c.

4311 — Même pièce, légèrement variée, t.b.c.

4312 — *Fulus* de 841 sans barre. Br. Mus. n. 184, m.m. 22. Ae. t.b.c.

4313 — *Fulus* de 851. Br. Mus. pl. VII n. 187. Ae. t.b.c. et b.c. 3 ps. rares.

4314 — *Fulus* sans date, l'atelier (Kashmir) dans un losange lobé entouré d'arabesques. Br. Mus. n. 188. Ae. b.c. rare.

4315 — *Fulus* pareil en *laiton*, t.b.c. rare.

4316 — *Fulus* pareil avec le nom „*Zarbi Kashmir*" dans un carré. Ae. a.b.c. rare.

4317 — *Deux Fulus* avec „*Naib i amir al mominin*" et an 14 (834), et un fr. à **Srinagar** sans date. Ae. 4 pièces variées et rares, t.b.c. et b.c.

4318 **Haïdar Schah** 872-874. *Roupie* carrée, fr. à **Kashmir** an 874. Br. Mus. pl. VIII n. 189, belle et rare.

4319 — *Roupie* de 874 pareille, t.b.c. et rare.

4320 Quatre monnaies de cuivre, trois de 874 et sans date avec barre au noeud, Br. Mus. n. 190 et petite monnaie avec titre „*Naib khilafa ur Rahman*". Lahore Mus. n. 2. Ae. 4 ps. la dernière rare.

4321 **Hassan Schah** 874-886. *Mohur* fr. à **Kashmir** an 876, avec l'invocation dans un petit cercle, avec l'atelier et la date à l'entour. Manque au Br. Mus. Or. Superbe et extr. rare. *Voir la reproduction.*

4322 — *Roupie* carrée de 876 fr. à **Kashmir**, Br. Mus. pl. VIII n. 191, t.b.c. rare.

4323 — *Roupie* de 876 pareille, b.c. rare.

4324 — Trois monnaies avec 87? avec barre au noeud, type Br. Mus. 192. 3 ps. Ae. b.c.

4325 — *Demi Fulus*, légende dans un cercle „*Us Sultan — Hassan Schah*. Ae. t.b.c. extr. rare.

4326 **Mahommed Schah**. *Roupies* carrées de 842, deux variétés, l'une sans „*a'zam*" en haut. Rodgers pl. III n. 37. 2 ps. t.b.c.

4327 — *Roupie* pareille de 846 fr. à **Kashmir**, comp. Rodgers pl. III n. 32, t.b.c. rare.

4328 — *Roupie* pareille de 84? b.c.

4329 — *Dam* de 897? et sans date, au milieu barre avec noeud, et ¹/₂ *Dam* pareil, rare, 3 ps. Ae. b.c. et a.b.c.

4330 **Fateh Schah** 888-926. *Roupie* carrée de 895? fr. à **Kashmir** comp. Br. Mus. pl. VIII n. 202, avec „*A'zam*", sous le nom. t.b.c.

4331 — *Roupie* carrée de 896. Br. Mus. pl. VIII n. 202, t.b.c. et *Roupie* sans date avec „*A'zam*", au dessus du nom. t.b.c. 2 ps.

4332 — Six monnaies avec la barre au noeud de 851, 874, 87? 890 et 89? (3 ps.) et de 89? sans barre, rare, et petite monnaie aussi sans barre, rare; ensemble, 8 ps. Ae. t.b.c. et b.c.

4333 **Nadir Schah** 934-948. *Roupie* carrée de 95? avec „*Nazak*". Br. Mus. pl. VIII n. 206, et autre avec „*Nadir*". 2 ps. t.b.c. et rare.

4334 — Deux *Dams* sans date, avec la barre au noeud. Br. Mus. pl. VIII n. 207. Ae. b.c. 2 ps.

4335 **Humayun** (l'Empereur Mogol). *Roupie* de 950, comp. Br. Mus. pl. VIII n. 208, t.b.c.

4336 — Deux *Roupies* pareilles, sans date, b.c. 2 ps.

4337 — *Roupie* pareille fourrée, pièce fausse du temps, t.b.c.

4338 **Islam Schah** (roi Patan de Delhi). *Roupie* carrée de 957. Br. Mus. pl. VIII n. 210, t.b.c. fort rare.

4339 — *Dam* de 9?2. Ae. b.c. extrêmement rare. **Inédit.**

4340 **Mahmoud Schah** 961. *Roupie* carrée sans date, manque au Br. Mus. t.b.c. fort rare.

4341 **Ibrahim Schah** 960-963. *Roupie* carrée de 9??, Br. Mus. pl. VIII n. 212, 2 ps. variées et rares, t.b.c.

4342 — *Dam* à la barre croisée, 2 pièces variées. Ae. b.c.

4343 **Ismaël Schah** 963-964. *Roupie* carrée, manque au Br. Mus. b.c. rare.

4345 — *Dam* avec barre au noeud, b.c. rare.

4345 **Hosain Schah** 970-986. *Roupie* carrée de 970. Br. Mus. pl. VIII n. 215, belle et rare.

4346 — *Roupie* pareille de 972. Br. Mus. n 216, t.b.c. rare.

4347 — Deux Monnaies à la barre au noeud de 972 et sans date. Ae. t.b.c. 2 ps.

4348 **Mahommed Ali** 980. *Roupie* carrée de 980 fr. à **Kashmir**. Br. Mus. pl. VIII n. 218 avec titre „*Zahir uddin Mah. Ali Padschah*" t.b.c. rare.

4349 — *Roupie* carrée de 986, comparez Rodgers pl. II n. 23 belle et rare.

4350 — *Roupie* pareille avec 981, comp. Rodgers pl. II n. 75.

4351 **Mourid Schah.** Roi éphémère. Monnaie de type ordinaire. Ae. b.c. rare.

4352 **Jousuf Schah.** *Roupie* de 987 fr. à *Kashmir*. Br. Mus. pl. VIII n. 219 t.b.c. rare.

4353 — *Roupie* pareille de 987, avec „*Nazir uddin*". Belle et fort rare.

4354 — Trois Monnaies avec la barre au noeud, avec 98? et sans date, manquant au Br. Mus. Ae. 3 ps. b.c. et a.b.c.

4355 **Ghazi Schah.** *Roupie* carrée, manque au Br. Mus. Comp. Rodgers pl. II, n. 19, t.b.c. extr. rare.

4356 **Jakoub Schah.** *Roupie* carrée de 992, manque au Br. Mus. Rodgers pl. III n. 35, t.b.c. extrêmement rare.

4357 **Bhai Ghazi** roi éphémère. Roupie carrée, manque au Br. Mus. et à Rodgers, b.c. extr. rare.

4358 **Akbar** (l'empereur Mogol de Delhi) *Roupie* carrée de 965 fr. à **Kashmir**. comp. Rodgers n. 28, t.b.c. fort rare.

> Monnaie d'Akbar frappée avant la conquête de cette province, on en connait d'autres mais seulement avec des dates plus récentes.

4359 — *Roupie* carrée de 995. comp. Br. Mus. pl. VIII n. 221. Belle et rare.

4360 — Deux *Roupies* pareilles sans date. Br. Mus. pl. VIII n. 221, t.b.c. et a.b.c.

4361 — Trois *Dams* avec la barre au noeud, manque au Br. Mus. 3 ps. Ae. b.c.

4362 — *Dam* pareil fr. à **Srinagar** avec le mois Ilahi „*Di*" Ae. a.b.c. fort rare.

> Je n'ai noté les dates de l'accession et de la mort de plusieurs Sultans de Kashmir, parce que les dates données par les auteurs me paraissent bien discutables.

LXXXVIII. Les rois de Jaunpour (Rois de l'Orient).

4363 **Ibrahim Schah** 803-844 = a.d. 1400-1440. *Mohur* de 836 fr. à **Jaunpour**. Br. Mus. pl. IX n. 223, Or. t.b.c. extr. rare.

4364 — *Mohur* de 841, même droit, rev. type aux pipes d'orgue. Manque au Br. Mus., Thomas, the Pathans Kings of Delhi n. 286a. Or. belle et extr. rare.
Voir la reproduction.

4365 — *Roupie* ronde en argent de bas titre, an 842. Br. Mus pl. IX n. 226, m.m. 18, gr. 9.5 t.b.c. extr. rare.

4366 — *Roupie* carrée de 848 de grand module, type aux pipes d'orgue, manque au Br. Mus. Belle et **Unique**.
Voir la reproduction.

4367 — *Dam* de 831 et de 846 premier module, m.m. 18. Br. Mus. pl. IX n. 226. Ae. t.b.c. 2 ps.

4368 — $^1/_2$ *Dam* de 818, 821 m.m. 17 et 824 m.m. 16, 2^d module. Br. Mus, pl. IX n. 238. Ae. 3 ps. belles.

4369 — $^1/_2$ *Dam* pareil de 826 b.c., 829 t.b.c., 832 t.b.c., et 835 beau. Ae. 4 ps.

4370 — $^1/_2$ *Dam* pareil de 836 coulé, 837 t.b.c., 840 t.b.c., 841 beau et 842 t.b.c. et 843 b.c. Ae. 6 pièces.

4371 — $^1/_2$ *Dam*, même module et même type mais sans date, manque au Br. Mus. Lahore Museum n. 2. Ae. t.b.c. Extr. rare.

4372 — Même pièce sans date. Ae. extr. rare mais a.b.c.

4373 — $^1/_8$ *Dam* 3me module de 820 et 839. Br. Mus. pl. IX n. 262, m.m. 14 et petite pièce inédite sans date ($^1/_6$ *Dam*) m.m. 12. Ae. t.b.c. 3 pièces rares.

Mahmoud Schah, 844—863 = a.d. 1440—1458.

4374 — *Mohur* fr. à **Jaunpour** an 845, type du n. 4363. Br. Mus. pl. IX n. 263. Or. t.b.c. Extr. rare.

4375 — *Dam* de 854 et 859. 1er module, type I. Br. Mus. pl. IX n. 266, 2 ps. Ae. tb.c.

4376 — *Dam* type II avec „*Schah Mahmoud*" dans un petit cercle et légende circulaire, de 845, 844 et de 856 et de 85? Br. Mus. pl. IX n. 292 m.m. 18. 5 variétés. Ae. b.c.

4377 — $^1/_2$ *Dam* type I de 845. Br. Mus. n. 274 m.m. 15. Ae. t.b.c.

4378 — $^1/_2$ *Dam* type inédit, comme ceux d'**Ibrahim** de 849, m.m. 18, et de 847 m.m. 15. Ae. 2 p.s. t.b.c. et rares.

4379 — $^1/_2$ *Dam*, deux variétés inédites, sans dates. Lahore Museum n. 5 et n. 6, 2 ps. Ae. t.b.c. et rares.

4380 **Mohammed Schah** roi adjoint 861-862. *Dam* de 861 et de 862, type I. Br. Mus. pl. IX n. 296, 2 ps. Ae. t.b.c.

4381 — *Dam* au cercle. Br. Mus. pl. IX n. 296. Ae. a.b.c. et $^1/_2$ *Dam* de 862 pl. IX n. 301, b.c. 2 ps. rares.

Hosain Schah, 863—881 = a.d. 1458—1476.

4382 — *Mohur* sans date, type de n. 4364, manque au Br. **Mus.**
Or. t.b.c. extr. rare.

4383 — *Dam* de 877 et 881, type I. Br. Mus. pl. IX n. 804.
Ae. 2 ps. t.b.c.

4384 — *Dam* au même type de 886 et de 896, fr. à son nom après
sa fuite en Bengale, pendant la révolte de Barbak. Ae. 2 ps. **belles.**

4385 — *Dam* au même type de 897, 899 et 905 (905 est la **date**
de son décès). Ae. 3 ps. t.b.c.

4386 — *Dam* au même type, frappé après sa mort, avec les **dates**
907 et 910. Ae. 2 ps. t.b.c.

4387 — *Dam* 2nd type de 864 et 866, Br. Mus. pl. IX n. 336, 2 **ps.**
Ae. b.c.

4388 — 1/2 *Dam* de 867 type I et sans date type III. Br. Mus. pl. IX
n. 327 et n. 340, 3 ps. Ae. t.b.c. et rares.

4389 **Barbak Schah** en révolte; *Demi Dam*, Br. Mus. n. 343. Ae.
b.c. extr. rare.

4390 **Jelal Schah** Prétendant. *Demi Dam* décrit dans le **catalogue**
du Br. Mus. comme roi de Gujérat, voir le n. 505. Ae. t.b.c. **rare.**

Royaume de Malwa.

Notices d'après, L. White King = (W.K.), History and Coinage
of Malwa. London 1904.

Hoshang Schah le Gouride, 808 —835 = a.d. 1405—1431.

4391 — *Mohur* de 83(1) manque au Br. Mus. légende dans un cercle
et dans un carré, au titre „*Husam uddin ab ul Mujahid*".
W.K. pl. VIII fig. 1. Or. t.b.c. extr. rare.

4392 — *Roupie* sans date avec titre „*Husam ud dunya wadin ab
ul Mujahid*", manque au Br. Mus. Thomas Pathans Kings
n. 305, W.K. n. 2, t.b.c. extr. rare.

4393 — Ae. fr. à **Shadiabad** (Mandou) 2nd module. Br. Mus. pl. X
n. 344. W.K. n. 3, pl. VIII, fig. 2, beau.

4394 — Trois Monnaies pareilles variées, avec étoile, avec oval posé
sur un sautoir, et avec ω comme marque. W.K. n. 4, 3 ps.
Ae. t.b.c.

4395 — *Fulus* carré de 829, fr. à **Mandou**, marque deux flèches
en sautoir. W.K. n. 5, pl. VIII n. 3. Ae. t.b.c. **Unique.**

4396 **Mohammed Schah I**. 836-839. 1/2 *Dam* fr. à **Shadiabad.**
W.K. n. 7 pl. VIII fig. 4. Ae. beau et extr. rare.

Mahmoud Schah I le Khiljide, 839—880.

4397 — *Mohur* avec titre „*Ala ud dunya wadin, abal Mozaffar
Sikander us sani Yamin — ul Khilafah nasir amir al mominin*"
Manque au Br. Mus. W.K. n. 8 pl. VIII fig. 5 Or. t.b.c. extr. rare.

4398 — *Roupie* au même type et titre, manque au Br. Mus. W.K.
n. 10 m.m. 28, t.b.c. extr. rare.

4399 — 1/6 *Roupie* manque au Br. Mus. avec titre „*Sultan Zill
allah*". W.K. n. 12, pl. VIII fig. 6. t.b.c. extr. rare.

4400 — 1/8 *Roupie*, avec „*Ala ud dunya wadin*". manque au Br.
Mus. W.K. n. 14 pl. VIII fig. 8, t.b.c. extr. rare.

4401 — 1/3 *Roupie* carrée avec „*Sultan al adil abul Mozaffar*"
manque au Br. Mus. W.K. n. 13, pl. VIII fig. 7 t.b.c. extr. rare.

4402 — *Roupie* carrée de Billon, fr. à **Shadiabad** an 848, avec
„*Halim ul Karim*". Br. Mus. pl. X n. 347, W.K. n. 20. Belle
et rare.

4403 — *Billon* rond de 870. Br. Mus. pl. X n. 350, lég. „*abul
Mozaffar Khalifa Amir al mominin*" avec étoile comme marque
W.K. n. 16. Beau.

4404 — *Billon* au titre „*ab ul Mozaffar*" var. de Br. Mus. pl. X
n. 353 et Billon avec „*Mahmoud Schah Khilji*", dans un cercle,
W.K. n. 19 pl. VIII fig. 9. 2 ps. t.b.c. et rares.

4405 — *Roupie* carrée de billon, an 869 avec titre „*as Sultan al
a'zam ab ul Mozaffar — ala ud dunya wadin Mah. Schah Khilji*"
W.K. n. 21. b.c. Extr. rare.

4406 — 1/2 *Roupie* carrée de billon, an 853. Manque au Br. Mus.
W.K. n. 20 pl. VIII n. 10, belle et rare.

4407 — Même pièce avec la date 862, comp. W.K. pl. VIII n. 10
t.b.c. rare.

4408 — *Dam* s.d., les légendes dans des carrés à double bande.
W.K. n. 23 pl. VIII fig. 11. Manque au Br. Mus. m.m. 24
Ae. beau et fort rare.

4409 — *Dam* carré de 871, manque au Br. Mus. pl. X n. 347. Ae. t.b.c.

4410 — *Dam* de 842, type, Br. Mus. pl. X n. 350, Même pièce de 845, et *Dam* sans date module plus petit. Ae. 3 ps. t.b.c.

4411 — *Dam* de 868? fr. à **Shadiabad**, W.K. n. 26 (pl. VIII fig. 13) Ae. t.b.c.

4412 — *Roupie* de Billon de 848. Br. Mus. pl. X n. 347. W.K. n. 20, t.b.c. carrée.

4413 — *Billon* carré de 860? W.K. n. 21 type Br. Mus. n. 347, t.b.c.

4413a— *Dam* de 871, W.K. n. 24, pl. VIII fig. 12. Ae. t.b.c.

4414 — Ae. carré, W.K. n. 30, pl. VIII fig. 14, m.m. 13, t.b.c. rare.

4415 **Ghyas Schah** 873-906. *Mohur* fr. à **Shadiabad** an 876, manque au Br. Mus., W.K. n. 31, pl. VIII fig. 15. Or. Beau et extr. rare.

4416 — *Mohur* carré de 880, Br. Mus. pl. X n. 357, W.K. n. 32. Or. superbe et fort rare.

4417 — *Roupie* ronde fr. à **Shadiabad** avec „*ab ul futeh Ghyas Schah, Sultan al Khilji zar abat bidar ul mulk*", W.K. n. 33, belle et extr. rare.

4418 — *Roupie* carrée an 884, même légende. Br. Mus. pl. X n. 362, W.K. n. 36, belle.

4419 — *Demie Roupie* carrée plus petite, date ? 94 Br. Mus. n. 364, W.K. n. 36, gr. 5.4, t.b.c.

4420 — *Demie Roupie* carrée, petit module, var. du Br. Mus. pl. X n. 362, W.K. n. 36, gr. 5.4.

4421 — ¹/₄ *Roupie* carrée avec rosette dans le champ, date 897? comp. Br. Mus. pl. X n. 365, gr. 2.6. t.b.c.

4422 — *Billon* rond de 877. W.K. n. 39, pl. VIII fig. 17, beau et rare.

4423 — *Dam* fr. à **Shadiabad** (Dar ul mulk). W.K. n. 41, m.m. 23. Ae. b.c. extr. rare.

4424 — *Dam* de l'an 864, avec le titre „*Wali áhd*" ou héritier, avant son avénement. W.K. n. 42, pl. II fig. 18. Ae. t.b.c. extr. rare.

4425 — ¹/₂ *Dam* de 876 avec „*Sultan bin us Sultan*", W.K. n. 45 m.m. 16. Ae. t.b.c. rare.

4426 — Ae. carré de 887, W.K. n. 46, pl. IX fig. 19, marque ⊡ gr. 17.5. Beau et fort rare.

4427 — Ae. carré de 905, marque rose, var. de Br. Mus. pl. X n. 368. W.K. n. 51, gr. 11.5. t.b.c.

4428 — Deux Monnaies carrées pareilles sans dates, marque rosette et Ψ et l'autre avec ⅛ comp. Br. Mus. n. 373, et W.K. n. 48 et 51, 2 ps. t.b.c.

4429 — Trois pièces pareilles de 895, 898 et 905. Br. Mus. pl. X n. 368, W.K. n. 47, n. 48 et n. 49. t.b.c.

4430 — Trois pièces pareilles de 890 et de 898, 2 variétés plus petites. Br. Mus. 372 et 374 (2 var.) W.K. n. 53, 54 et 55, pl. IX fig. 21, 3 ps. Ae. t.b.c.

4431 **Nasir Schah** 906-916. *Mohur* carré de 913, avec soleil comme marque. Br. Mus. pl. X n. 377 var. W.K. n. 57. Or. Beau et rare.

4432 — *Roupie* carrée de 907, W.K. n. 58, pl. IX fig. 22, t.b.c.

4433 — *Roupie* carrée semblable, sans date. W.K. n. 60, t.b.c.

4434 — *Demie Roupie* carrée, marque $\times$, lég. „*al malik bi ibn Mah.*", comp. Br. Mus. n. 365, manque à l'ouvrage de White King, t.b.c. *Voir la reproduction.*

4435 — *Roupie* carrée de billon an 914, inscr. „*Nasir Schah Khilji, bin Ghiyas Schah*". — Rev. „*Us Sultan Khalada malkahu*". W.K. n. 62, pl. IX fig. 23, t.b.c.

4436 — Pièce carrée de 910, barre avec noeud au revers. Br. Mus. pl. X n. 382. W.K. n. 63, pl. IX fig. 24. Ae. t.b.c.

4437 — Même pièce de 915, même type avec qls et $\times$. Br. Mus. n. 386. Ae. t.b.c.

4438 — Même pièce de 908 aussi avec barre au noeud, manque au Br. Mus. et à White King. Ae. t.b.c.

4439 — Deux pièces carrées plus petites, une avec 914, la date de côté et l'autre sans date. W.K. n. 64 et 65. Ae. 2 ps. rares, t.b.c.

4440 — Trois pièces carrées plus petites, W.K. n. 66 pl. IX fig. 25, de 907, W.K. n. 68, pl. IX n. 26, et sans date au même type. Ae. 3 ps. rare, t.b.c.

4441 **Mahmoud II** 916-937. *Mohur* de 923. Manque au Br. Mus. W.K. n. 70, pl. IX fig. 27. Or. Beau et extr. rare.

4442 — *Roupie* de Billon carrée, an 922, manque au Br. Mus. W.K. n. 75 (pl. IX fig. 28). Belle et rare.

4443 — *Roupie* carrée (en argent) an 923, manque au Br. Mus. W.K. n. 71, pl. IX fig. 28. Belle et rare.

4444 — *Roupie* carrée, an 923 même type, variété avec Swastika comme marque. W.K. pl. IX n. fig. 28. Belle et rare.

4445 — *Roupie* carrée de 930, type varié, W.K. n. 72 pl. IX fig. 29. Belle et rare.

4446 — ¼ *Roupie*, type de Br. Mus. n. 365. W.K. n. 74, t.b.c. rare

4448 — *Dam* carré de 917, comp. Br. Mus. pl. X n. 399, W.K. n. 76 Ae. t.b.c.

4449 — Trois *Dams* carrés pareils de 926 et 931 (2 var.) Br. Mus. 396, 400 et 401, 3 ps. Ae. t.b.

4450 — *Dam* carré pareil ✕ comme marque et deux *Dams* carrés plus petits de 932 et sans date, le dernier fondu. Br. Mus. pl. X n. 399 et 405, W.K. 77, 78 (2 var.) et 81. Ae. 4 ps. b.c. et t.b.c.

4451 — *Demi Dam* carré de 918 W.K. n. 82 pl. IX fig. 31, *Demi Dam* carré, coeur comme marque W.K. n. 83. Ae. t.b.c. 2 ps.

4452 — *Quart de Dam* carré W.K. n. 82 pl. IX fig. 31 et W.K. n. 83, 2 ps. Ae. t.b.c. rares.

4453 **Mohammed II ibn Nasir** en révolte. *Dam* carré de 921 avec titre „*as Sultan bin as Sultan*". Inconnu au Br. Mus. W.K. n. 84 pl. IX fig. 32. Ae. t.b.c. fort rare.

4454 — *Demi* et *quart Dams* carrés, W.K. n. 86 et n. 85 pl. IX fig. 33, manquant au Br. Mus. Ae. 2 ps. rares.

Malwa sous la supprémation de Gujérat.

4455 **Bahadar Schah roi de Gujérat** 937-941. *Dam* carré fr. après la conquête de Malwa. W.K. n. 88. Manque au Br. Mus. 2 variétes. Ae. t.b.c. extr. rares.

4456 — *Dam* carré pareil. W.K. n. 89. Ae. t.b.c. extr. rare.

4457 **Baz Bahadar** 962. *Dam* carré. Manque au Br. Mus. W.K. n. 90 pl. IX. fig. 34. Ae. b.c. extr. rare.

LXXXIX. Royaume de Gujérat.

4458 **Ahmed Schah I** 814-846 = a.d. 1411-1443. *Dam* rond, de 827 au revers la légende dans un carré. Br. Mus. pl. XI n. 409 t.b.c.

4459 — *Dam* pareil de 842. Br. Mus. pl. XI n. 409 fr. à **Ahmednagar**. Ae. t.b.c. rare.

4460 — *Dams* de 837 et de 842, sans nom d'atelier. Ae. 2 ps. t.b.c.

4461 — *Dam* pareil de 846. Br. Mus. pl. XI n. 409 et ¹/₂ *Dam* de 840. Br. Mus. pl. XI n. 413. Ae. 2 ps. b.c.

4462 — *Demi Dam* pareil de 830 (2 var.) Br. Mus. pl. XI n. 413 et ¹/₂ *Dam* de 837 fr. à **Ahmednagar**, rare. Ae. 3 ps. t.b.c. et b.c.

4463 — *Dam* épais s.d., Br. Mus. n. 412 et *Demi Dam*, Br. Mus. pl. XI n. 414 (2 var.) Ae. 3 ps. t.b.c.

4464 **Mohammed Karim** 846-855. *Dam* de 848 au couplet. Br. Mus. pl. XI n. 416. Ae. b.c. rare.

4465 — *Dam* pareil de 849 et ¹/₂ *Dam*. Thomas Pathan Kings. pag. 353 n. 4, 2 ps. Ae. t.b.c. rares,

4466 **Kutbuddin Ahmed Schah II**. *Dam* de 856, au droit le titre „*Abul Mozaffer*”, manque au Br. Mus. Ae. t.b.c. rare.

4467 — *Dam* pareil de 856 et ¹/₂ *Dam* de 857 au même revers, mais sans titre au droit. Ae. 2 ps. t.b.c. fort rares.

4468 — *Dam* comme n. 4466 avec la date 860, manque au Br. Mus. Ae. t.b.c. fort rare.

4469 — *Dam* pareil avec date indistincte. lég. „*Kutuk ud dunya wadin ab ul Mozaffar*. Ae. b.c. fort rare.

4470 **Mahmoud I Bigara** 863-917. *Roupie* de 897, avec titre „*Nasir ud dunya wadin*”. Manque au Br. Mus. gr. 11.25. Belle et extr. rare.
Voir la reproduction.

4471 — *Roupie* de 913 fr. à **Mustafabad**, autre type, manque au Br. Mus. m.m. 20, gr. 10.2, b.c. rare.

4472 — *Demie Roupie* s.d. le nom dans un carré à 4 lobes. Manque au Br. Mus., m.m. 19 gr. 5.7, belle.

4473 — *Demie Roupie* fr. à **Mustafabad**, m.m. 18, 2 pièces variées, t.b.c.

4474 — *Tiers de Roupie* de 905, le nom dans un carré avec „*Fi ahdi Sultan ul Azam*”, belle.
Voir la reproduction.

4475 — *Tiers de Roupie* sans date. Oliver n. V, t.b.c.

4476 — *Dam* de 889, manque au Br. Mus. avec la date au revers sous „*Nasir ud dunya wadin ab ul fateh*”. Ae. b.c.

4477 — *Dam* de 890, 902, et 904, avec la date dans le champ. Br. Mus. n. 418, 3 ps. Ae. t.b.c.

4478 — *Dam* de 909 et 912, et *Dam* pareil sans date fr. à **Mustafabad**. Br. Mus. n. 423, 3 ps. Ae. b.c.

4479 — *Dam* pareil de 868, légèrement varié. Ae. Beau.

4480 — *Dam* pareil de 884, fr. à **Mustafabad**. Ae. Beau.

4481 — *Dam* de 883, module plus petit, fr. à **Mustafabad** avec „*Sultan Mahmoud Schah fi Shahri āzam*”. Ae. t.b.c. rare.

4482 — *Dam* inédit avec titre „*Mahmoud bin Mohammed Schah*”, et au rev. „*Al Hannan al mughazi*”. Ae. t.b.c. rare.

4483 — *Demi Dam* de 883 type de n. 4479, t.b.c. et ¹/₂ *Dam*, s.d. type de 4477, b.c. Ae. 2 ps.

4484 **Mozaffer Schah II** 917-932. *Mohur* de 930, avec titre „*Mowayyid bi Taid illah Shams ud dunya wadin abu Nasr*". Br. Mus. pl. XI n. 425, variété. Or Superbe et extr. rare.
Voir la reproduction.

4485 — *Roupie* de 922, manque au Br. Mus. m.m. 19 gr. 7.1. Belle et rare.
Voir la reproduction du droit.

4486 — *Roupie* pareille sans date, b.c.

4487 — *Roupie* de 930 autre type avec date fautive qo⋁ t.b.c. et rare.
Voir la reproduction du droit.

4488 — *Roupie* de 932 type du Mohur n. 4484, m.m. 20 gr. 7, t.b.c. et rare.

4489 — *Roupie* avec la date 923 écrit comme 943, variété inconnue, t.b.c. rare.
Voir la reproduction du droit.

4490 — *Dam* de 929? et 926 avec titre. „*Bin Mahmoud Shams ud dunya wadin*" et de 920 autre type avec „*Shams ud dunya wadin Abu Nasr*" 3 ps. Ae. t.b.c.

4491 **Bahadur Schah** 932-943. *Roupie* avec l'invocation au droit, le nom au revers, double bande au milieu. Inconnue au Br. Mus. Belle et rare.
Voir la reproduction.

4492 — *Demie Roupie* de 943 avec „*Bahadur Schah bin Mozaffer Schah Sultan Kutub ud dunya wadin abal fazl*". Manque au Br. Mus. belle et rare.

4493 — $^1/_4$ *Roupie* de 941, manque au Br. Mus. dans un cercle lobé „*Bahadur Schah as Sultan*" m.m. 13 gr. 12, t.b.c. rare.

4494 — *Roupie* de 943 type inconnu, manque au Br. Mus. t.b.c. rare.
Voir la reproduction.

4495 — *Dam* de 938 et 939, $^1/_2$ *Dam* de 941 et de 938 avec „*Abul fazl*", $^1/_4$ *Dam* de 938, et un de 932 aussi avec „*Abul fazl*". Ae. 6 ps. t.b.c.

4496 **Miran Mohammed ibn i Adil Schah** Usurpateur 943. — *Roupie* inédite de 943 t.b.c. extr. rare.

4497 **Mahmoud III** 944-961. *Roupie* de 95? avec titre „*Nasir ud dunya wadin abul fateh al wasik billahi i wannon*". Manque au Br. Mus. m.m. 18 gr. 7.4. Belle et rare.

4498 — *Roupie* sans date. Br. Mus. pl. XI n. 434 t.b.c.

4499 — *Roupie* de 961, et sans date, même type, m.m. 17 gr. 7.1, t.b.c. 2 ps.

4500 — *Demie Roupie* avec invocation, de l'an 944, manque au Br. Mus. m.m. 15 gr., 5.5, t.b.c. rare.

4501 — *Demie Roupie* sans date et de 961, type de Br. Mus. pl. XI n. 434, 2 ps. rares t.b.c.

4502 — Deux *Dams* de 944, l'un avec la date à l' exergue et l' autre avec la date dans un carré. Ae. 2 ps. t.b.c.

4503 — *Dam* de 946 fort curieux avec „*Kutub ud dunya wadin abul fazal Mahmoud Schah bin Latif Schah*" Oliver n. 21. Ae. t.b.c. extr. rare.

4504 — *Dam* épais s.d. avec légende dans un cercle, et *Dam* épais de 944 et de 946, manquant au Br. Mus. 3 ps. variées Ae. t.b.c. rares.

4505 — ¹/₂ *Dam* de 946. Manque au Br. Mus. Ae. t.b.c. rare.

4506 **Ahmed Schah III** 961-969. *Roupie* de 961. Manque au Br. Mus. m.m. 24 gr. 11 b.c. Extr. rare.

4507 — *Roupie* de 962, plus petite, manque au Br. Mus. m.m. 20 gr. 7.2, t.b.c. Extr. rare.

4508 — *Roupie* de 965 même type. Belle et fort rare.
Dans la collection du Br. Mus. les monnaies d'argent de ce prince font défaut.

4509 — *Dam* de 962 avec „*Kutub ud dunya wadin amir ul mominin*" Ae. t.b.c. rare.

4510 — *Dams* de 967? et de 968? avec titre „*Kutub ud dunya wadin abul mozaffar*". Ae. 2 ps. rares.

4511 — **Mohammed III** (ibn Mozaffar) Prétendant 963-964 *Roupie* de 964, inconnue au Br. Mus. t.b.c. fort rare.

4512 — *Dam* de 964, var. du Br. Mus. pl. XI n. 437. Ae. t.b.c. rare.

4513 — **Mozaffar III** 969-980. *Roupie* de 969. Br. Mus. pl. XI n. 440 var. t.b.c.

4514 — *Roupie* sans date, autre type, le nom dans un cartouche à 4 lobes, t.b.c. rare.

4515 — ¹/₂ *Roupie* de 978. Br. Mus. pl. XI n. 443. t.b.c.

4516 — ¹/₂ *Roupie* de 979 type du n. 4514, t.b.c.

4517 — *Roupie* de 991 2ᵈ règne, grand module, fr. à **Ahmedabad**, t.b.c. extr. rare.

4518 — *Dam* de 971 nom et date dans un cercle, manque au Br. Mus. et *Dam* de 972, Br. Mus. 446. Ae. 2 ps. t.b.c. rares.

4519— *Dam* de 977 nom et date dans un cercle et t.b.c rare. *Dam* s.d. fr. à **Ahmedabad** 2ᵈ règne, a.b.c. extr. rare. 2 ps.

4510 **Akbar** (Le grand Mogol). *Demie Roupie* fr. après la conquête de Gujérat, t.b.c. extr. rare.

4521 **Jelal Schah** Prétendant en 841. ¹/₂ *Dam* de 841. Ae. t.b.c.

COLLECTION WHITE KING, 3ME PARTIE.

RECTIFICATIONS.

2053 lisez. (Persepolis dans le Farsistan), n. 2059 lisez: Gouverneur des Khalifes Abassides.

2066 „ date la plus ancienne, n. 2096 lisez: fr. à **Bagdad** an 161. Les *Dinars* sont en or. prière d'ajouter Or. à la fin des n°s. 2087, 2095, 2129, 2134, 2151, 2177, 2185, 2380 et 2596.

2090 „ au droit, au lieu d'au Or. n. 2147, lisez: *Nasir leddin Illah.*

2178 corrigez: Beau, avec petit trou, n. 2182 lisez: petit trou, rare.

2184 „ (Séville) n. 2195, 2209 et 2219, ajoutez: rare.

2255 lizez: „*Osman ul mallik ul aziz*". Rev. „*Bin ul mallik nazir*".

2271—2272 ajoutez: 2 ps. n. 2278 corrigez: **Saba.** n. 2304-2305 lisez: **Imam de Zafar** au lieu de Tafar.

2309 ajoutez: F. d. C., n. 2310 corrigez: **Adrianople?** n. 2337 lisez: de l'an 1.

2350 lisez: **Kutb-uddin.** n. 2355 lisez: 2 ps. Ae. t.b.c. rares

2361 ajoutez: b.c. n. 2383 lisez: *Dinar* au lieu de *Mohur.*

2409 lisez: ⌐| et ajoutez, 2 ps. n. 2410-2411 lisez: Br. Mus.

2415—2416 lisez: 2 ps. au lieu de 3 ps. n. 2419 fr. à **Jouzjan.**

2430 lisez: ⌐|. n. 2433 corrigez: **Ali** 440.

2464—2465 lisez: 2 ps. belles, n. 2469 lisez: *us Sultan*".

2473 et 2478 „ Beau et fort rare n. 2490 lisez: **Ruknuddin.**

2493 lisez: *Dinar* au lieu de *Mohur* n. 2501 lisez: Beau et rare. Les n°s. 2509, 2510-2514 et 2515-2516, sont touts rares.

2517—2518 ajoutez: 2 ps. n. 2538 lisez: **Badruddin.**

2562 lisez: **Jehansoz** et n. 2565 **Jelaleddin Sam.**

2577 ajoutez: t.b.c. n. 2573-2574 ajoutez: 2 ps. n. 2575-2576 lisez: 2 ps. au lieu de 2 fr.

2577—2578 lisez: **Uzbeg Khan** au lieu de **Kahn** et ajoutez: rare.

2600   lisez: rares, n. 2619 lisez: type de Br. Mus. n. 2650 corrigez: *Milkiatahu.*

2652   corrigez: **Timour** *Dirhem* fr. à **Shiraz** et deux *Demis Dirhems* du même atelier, dont l'un avec triangle dans un cercle, type inconnu, 3 ps. rares, b.c.

2688 et 2690   biffez: les mots arabes, qui sont fautives.

2692   ajoutez: rare, n. 2701 corrigez: Soliman et ajoutez: rare.

2702   lisez: m.m. 18 au lieu de m.m. 30, n. 2721 lisez: Beau et rare.

2721   corrigez: an 1272 et n. 2722 corrigez: an 1266.

2728   biffez: le I devant **Jakoub**, n. 2747 lisez: t.b.c. avec petit trou.

2757   ajoutez: rare, n. 2764 lisez: *Roupie* comme n. 2762.

2780   lisez: *Roupie* de 1151 type ordinaire, n. 2798 lisez: rares.

2807   corrigez: **Recht**, n. 2851 et 2884 ajoutez: rare.

2860   „   **Moultan**, n. 2877 biffez: le nom arabe et lisez: „*Raij Fateh*".

2879   „   vraisemblablement, et au n. 2893 entouré au lieu d'entourné.

2896   „   **Fateh Jang** et 9901 **Kutab uddin**.

2904   lisez: „*Raij Fateh*" et „*Zarb i Falus, Raij i Fateh*".

2905 et 2908   lisez: **Dost** au lieu de Dhost, n. 2922 corrigez: „*zi iltifat*".

2937   corrigez: *Demie Roupie* fr. à **Kaboul** an 1314, n. 2943 corrigez: **Kaboul.**

2944   „   „*Amir Shahi*" n. 2968 corrigez: „*wadin*".

2972   lisez: „*Sri Hamira*" en *hindi*, 2973 et 2975 ajoutez: rares.

2976   „   *Fels* inédit n. 2978 lisez: „*Jelal eddin*".

2986   corrigez: *Taj uddin* et ajoutez t.b.c. n. 2987 corrigez: *mouazzim Taj uddin* et au revers *ud duniya,*

2988   „   *Tajud dunya.* n. 2991 corrigez: *ud dunya wadin.*

3012   lisez: *Hazrat,* n. 3020 lisez: *wadin ud dunya.*

3021   corrigez: légende dans un hexagone de deux côtés. Thomas n. 57 (pl. I n. 23).

3023   lisez: „*Altitmish*". n. 3025 corrigez: *A'zam.*

3028   corrigez: „*Sri Shalifah*" — „*Sri Suritan*". n. 3021 ajoutez: an 685.

3048   lisez: **Nasir uddin Mahmoud I** (fils ainé **d'Altamsh**) avant 644. *Roupie* Thomas n. 60. Br. Mus. pl. III n. 85, fr. au nom du Khalifa **Mustansir** t.b.c. Extrêmement rare.

3049   ajoutez: **Nasir uddin Mahmoud II** 644-664.

3052—3057   corrigez: n. 3052-3056 5 ps. rares. (n. 3057 n'existe point).

3058   ajoutez: et rare, n. 3079 corrigez: **Jelal,** n. 3083-3085 corrigez: *Jalal udin.*

3104   lisez: **Shahab,** n. 3108 corrigez: *Roupie.*

3109   corrigez: (Delhi an 718) n. 3110 corrigez: an 720.

3116   „   *alimain* n. 3130 et 3131 corrigez: „*Touglak*"

3133   „   Superbe et extr. rare.

3137   „   „*Mohiya Sunnun Khatim un nabiin*" et lisez: Fort rare au lieu d'Unique.

3157   „   „*al Moujahidfi sabil illah*". n. 3179 corrigez: fr. à *Dar ul Islam.*

3158   lisez: Beau et rare, n. 3173 corrigez: **urf Tirhout.**

3180   corrigez: variété avec „*Hasbi Rabbi Mohammed bin Touglak*".

3188—3190   corrigez: *Hasht Kani* et 3191-3192 *wa al izzat.*

3195   ajoutez: 5 ps. n. 3204 lisez: *Abdullah* n. 3220 corrigez: **Firoz.**

3224—3227   lisez: Thomas 249 et *abi abdoullah,* et ajoutez: le dernier rare.

3228—3231   „   *Naib* au lieu de *Nait* (deux fois) et ajoutez: rares.

3235   corrigez: *Naib.* n. 3236-3239 au n. 3237 corrigez: Thom. 252 et ajoutez: le dernier rare.

3244—3245   corrigez: Deux monnaies, *Khalifa* et *Naib* et lisez: belles et fort rares.

3251—3253   ajoutez: 3553*a* Thomas n. 268 petite monnaie fr. à **Delhi** et 4 au lieu de 3 ps.

3259—3262   corrigez: an 800 et la quatrième sans date. Ae. 4 pièces, t.b.c.

3263—3264   ajoutez: la dernière rare, n. 3271-3274 ajoutez: n. 3272 et n. 3274 rares.

3288—3290   corrigez: Jaunpour et ajoutez: rare après inédite, n. 3294-3298, lisez: 320 de l'an 925.

3299   corrigez: Raja au lieu de naja, n. 3302 et 3304 ajoutez: rare.

3303   „   *allahu Sultanahu.* n. 3308 corrigez: **Jehanpanah.**

3319   „   **Satganw** et ajoutez: rare. n. 3324 biffez: les mots arabes et lisez: var. de Br. Mus. n. 557. Belle et fort rare.

—

3325 corrigez: **Jehanpanah** et ajoutez: rare n. 3355 lisez: *Fi ahdi.*

3377 „ Lahore Mus. n. 3389 et 3390, corrigez: **Bourhandiya** et 3389*a*, ajoutez: rare après **Alwar**.

3378—3381 lisez: 3381*a* et corrigez: n. 3378 *Dam* de 952, n. 3379 *Dam* de 953, n. 3380 *Dam* de 955, n. 3381 *Dam* de 955 et 3381*a*, *Dam* de 956 fr. à **Narnol** Thom. n. 363.

3402—3403 „ „*Amir ul Hami-abul Mouzaffar.* n. 3411 lisez: *mouzaffar.*

3412 lisez: *Dam* de 942 au même titre. n. 3491 ajoutez: rare.

3424 corrigez: **Kamran**. n. 3486 ajoutez: $1/4$ *Dam* et n. 3487 aussi $1/4$ *Dam.*

3491 lisez: $1/4$ *Dam* au lieu de $1/2$ *Dam,* n. 3494 corrigez: *Mihrabi.*

3499 „ *Saadat.* n. 3513-3514 ajoutez: 2 ps. t.b.c.

3522 corrigez: **Srinagar**. n. 3527 biffez: A et lisez: „*Darb*".

3531 „ „*Mihr*" n. 3539 et 3540, ajoutez: rares.

3544 „ **Ahmedabad** n. 3548-3549 lisez: 2 ps. belles, n. 3578 ajoutez: an 984.

3579 lisez: **Ajmir**. n. 3582 lisez: 987 au lieu de 988, n. 3600 ajoutez: **i Sirhind** après **Baldat**. n. 3602 corrigez: **Sherpour.**

3606 corrigez: **Kiratpour** et n. 3670, **Akbarnagar**.

3689 et 3690 ajoutez: Or. n. 3755 lisez: *Rawan Shud.*

3757 corrigez: *Fulus* n. 3760-3766 inclus, lisez: Raij au lieu de Ray.

3776 „ *Raij-bad* et n. 3786 *Isfandyar.*

3798 lisez: de 1050 au lieu de 1641. n. 3836 lisez: *Dam* sans date ni atelier, b.c. (2 ps.)

3837—3839 lisez: *Dogam* au lieu de *dogam* et biffez: *Sam.*

3842 lisez: *Schahjehani* et *Narnol* au lieu de *narnol* n. 3843 lisez: *Fulus*

3845 corrigez: *Mohur* et **Bijapour** et Zafar. n. 3846 corrigez: **Kulbargah**.

3847 lisez: *munir* n. 3848 corrigez: 1099 au lieu de 1094 et n. 3849, 1114 au lieu de 1104.

ajoutez: 3849*a* **Farrukhabad**, *Roupie* de 1168 (an 1), atelier inconnu pour ce roi. Belle et fort rare.

3857 corrigez: **Alamgirpour** n. 3868 lisez: 1116 au lieu de 1126. n. 3872 lisez: **Bhilsa.**

3885 lisez: Salt Mines. n. 3897 ajoutez: 2 ps. n. 3899 corrigez:
Jehangirnagar.
3901—3902 et 3922   corrigez: **Bijapour**. n. 3905 ajoutez: (Dar ul
Jehad) après Hyderabad.
3908 corrigez: **Azimabad** n. 3917 lisez: *Shari* au lieu de *Sahri*
n. 3925 et 3928 lisez: *Fulus*.
3940 et 4012   corrigez: **Bijapour**. n. 3979 ajoutez: Or.
3980 lisez: *mahchún* au lieu de *mahlchún*. n. 4026 ajoutez: t.b.c.
et rare.
4092 „ *hamchu* au lieu de *tamchu*. n. 4096 lisez: *barzarcho*
au lieu de *barzacho*.
4099 corrigez: **Moradabad** n. 4100 corrigez: (Kanpour) et *zad* au
lieu de *zud*.
4193 lisez: **Tirath** et 4177 **Mahindarpour**.
4194 corrigez: **Brijindarpour**, n. 4218 et 4219 lisez: **Banu** au
lieu de **Bann**.
4198 „ 2 ps. rares. n. 4202 ajoutez: 2 ps.
4229 ajoutez: **Mahmud Damaghan Schah** *Billon* etc. et à la
fin. Fort rare.
4230 „ rares.

PIÈCES OMISES.

2851*a* **Timour Schah**. ¹/₄ *Roupie*, couplet et invocation au revers.
Inédit t.b.c. Fort rare.
2940*a* **Abdur Rahman**. *Tilla* au durbar, fr. à **Kaboul** an 1319.
Sous l'édifice l'atelier, dessus „*Allahu Akbar*". Or. gr. 9.3.
Superbe et fort rare.

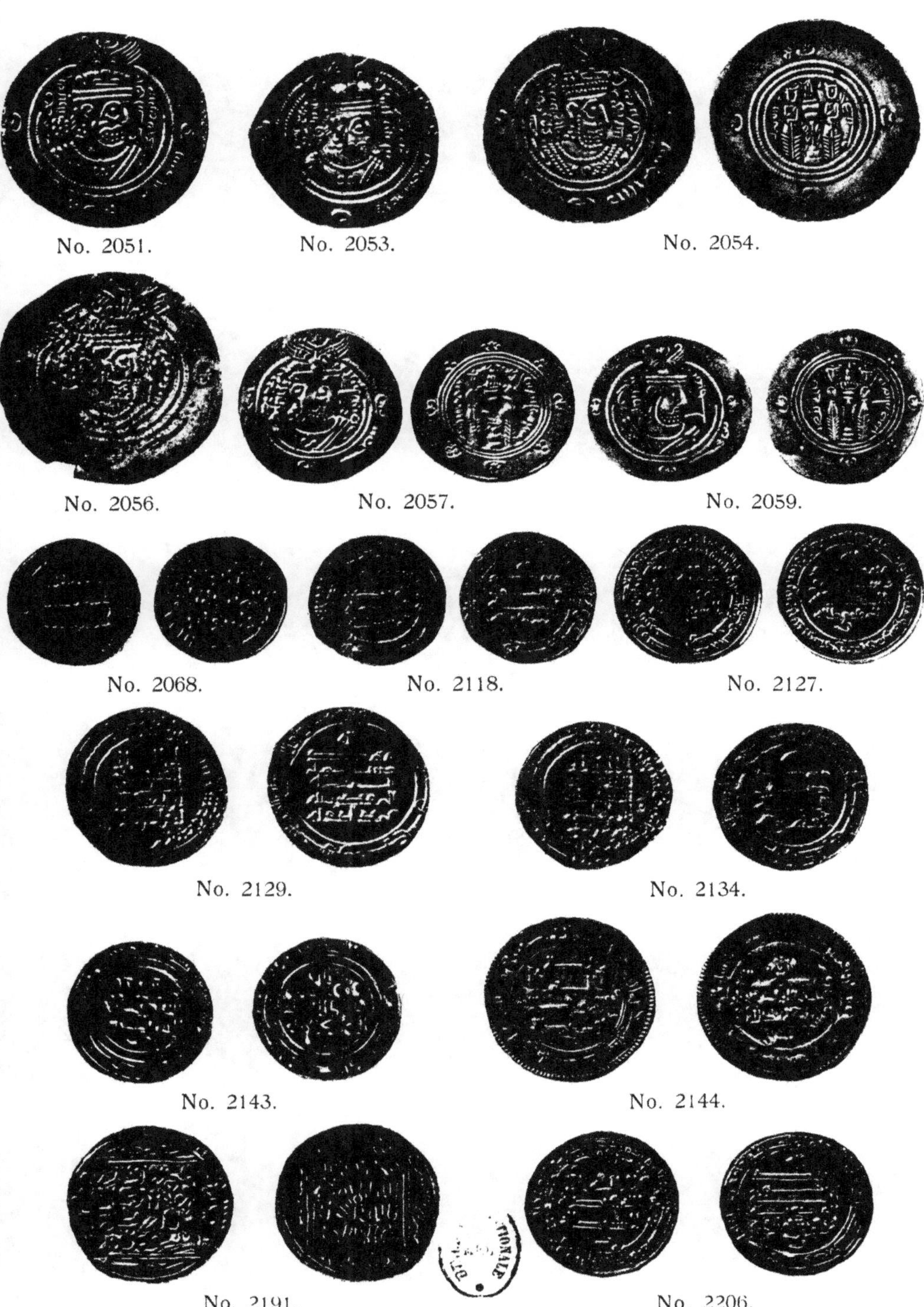

No. 2051.   No. 2053.   No. 2054.

No. 2056.   No. 2057.   No. 2059.

No. 2068.   No. 2118.   No. 2127.

No. 2129.   No. 2134.

No. 2143.   No. 2144.

No. 2191.   No. 2206.

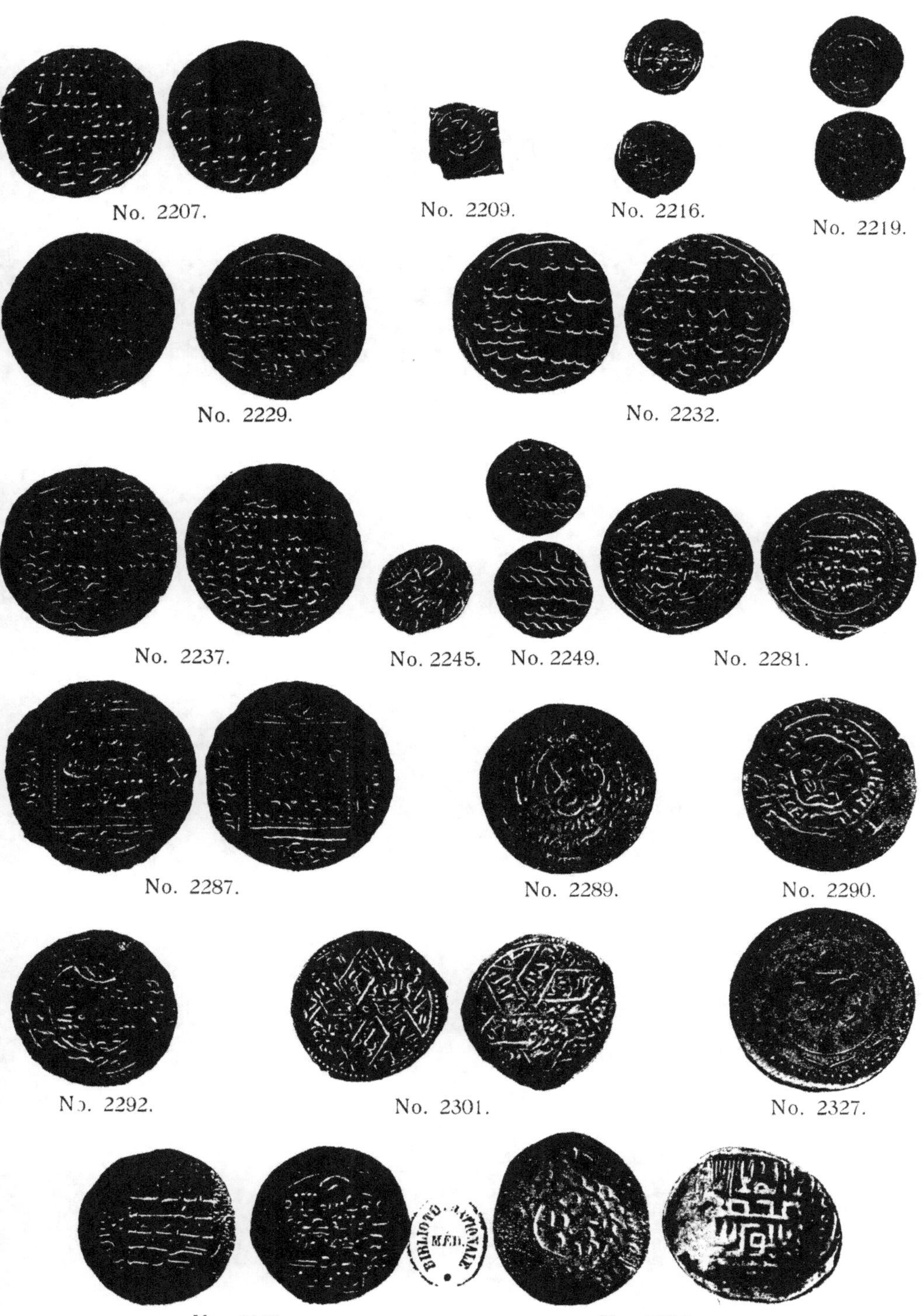

No. 2207.

No. 2209.

No. 2216.

No. 2219.

No. 2229.

No. 2232.

No. 2237.

No. 2245.

No. 2249.

No. 2281.

No. 2287.

No. 2289.

No. 2290.

No. 2292.

No. 2301.

No. 2327.

No. 2345.

No. 2353.

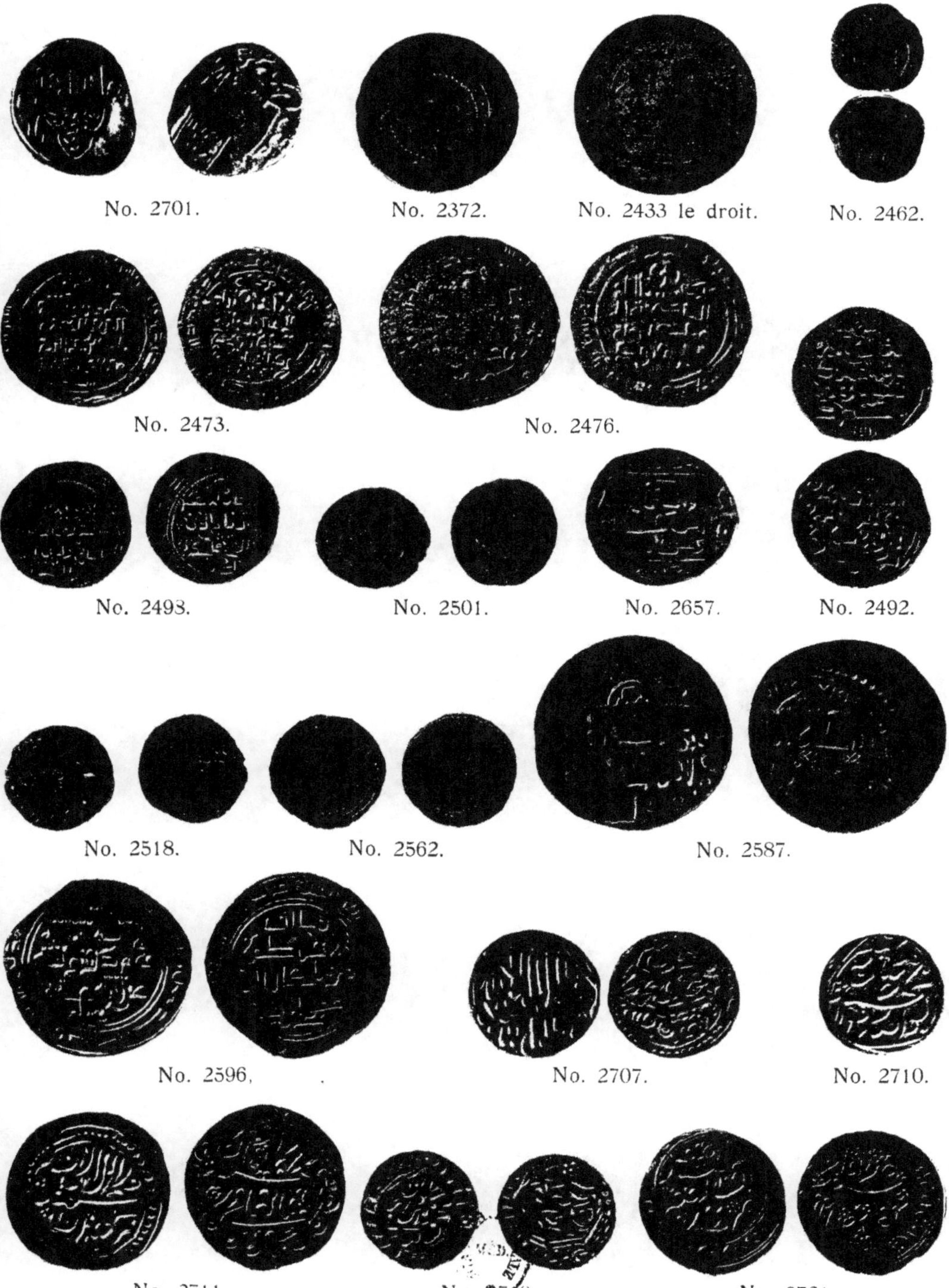

No. 2701. No. 2372. No. 2433 le droit. No. 2462.

No. 2473. No. 2476.

No. 2493. No. 2501. No. 2657. No. 2492.

No. 2518. No. 2562. No. 2587.

No. 2596. No. 2707. No. 2710.

No. 2711. No. 2719. No. 2721.

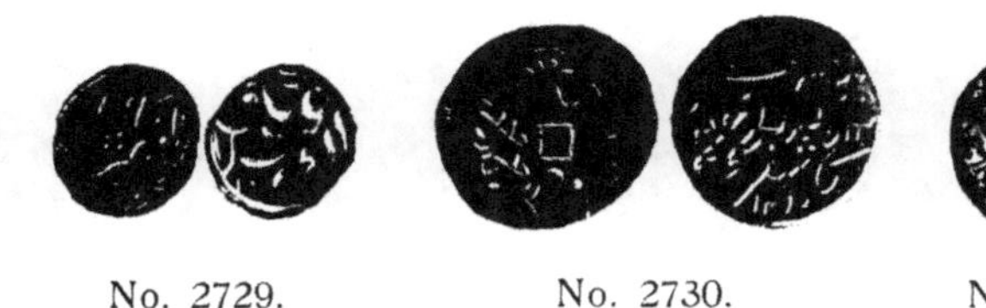  

No. 2729. No. 2730. No. 2851. No. 2854.

No. 2749. No. 2756. No. 2801.

No. 2817. No. 2862. No. 2865.

 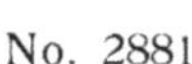  

No. 2881. No. 2882. No. 2866.

No. 2884. No. 2979. No. 3029.

No. 3031.   No. 3079.   No. 3091.

No. 3105.   No. 3110.   No. 3123.

No. 3137.   No. 3218.   No. 3235.

No. 3245.   No. 3246.   No. 3303.

No. 2756.   No. 3326.   No. 3330.   No. 3408.

No. 3420.   No. 3494.

No. 3495.

No. 3499.

No. 3684.

No. 3685.

No. 3686.

No. 3500.

No. 3687.

No. 3688.

No. 3689.

No. 3690.

No. 3846.

No. 3973.

No. 4147.

No. 3820.

No. 4082.

No. 4087.

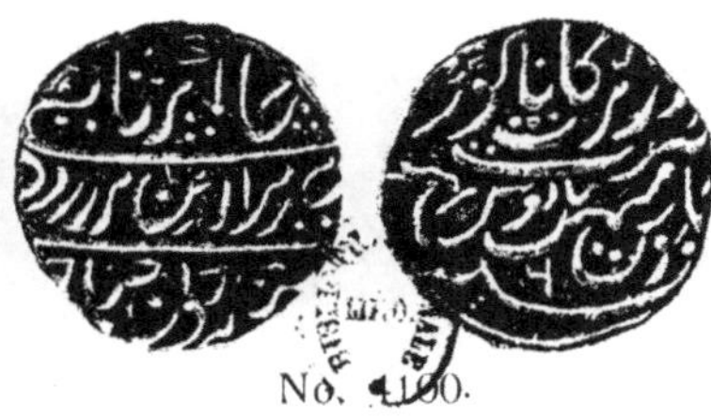

No. 4092.

No. 4100.

No. 4104.

No. 4108.

No. 4109.

No. 4203.

No. 4190.

No. 4221.

No. 4281.

No. 4250.

No. 4287.

No. 4286.

No. 4288.

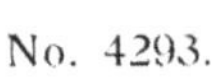

No. 4293.

No. 4321.

No. 4366.   No. 4434.   No. 4470.

No. 4474.   No. 4484.   No. 4485.

No. 4487.   No. 4489.   No. 4491.